英国流　旅の作法

グランド・ツアーから庭園文化まで

中島俊郎

講談社学術文庫

目次

英国流 旅の作法——グランド・ツアーから庭園文化まで

第四章　〈イングリッシュネス〉を求めて　ロンドン・ツアー　195

英国流　旅の作法

グランド・ツアーから庭園文化まで

序章 〈田園〉とイギリス人

イギリスは今も多くの日本人を惹きつけてやまない。イギリスであなたが行ってみたい所は、と尋ねられて多くの人が湖水地方を挙げるだろう。コッツウォルズと答える人もいるかもしれない。こうした土地の名前を耳にしただけでも連想はピーターラビットやワーズワスへと傾いていく。優雅なアフタヌーン・ティをウィンダミア湖のほとりで楽しんだ思い出にひたる人もいるだろう。中世の息吹が今もきこえる長閑《のどか》な村を流れる小川のせせらぎが耳によみがえるかもしれない。絵心のある人は、乳白色の霧を画家ターナーのように描くにはどうしたらいいのか、と悩むかもしれない。そんな田舎なんかごめんだ、やはり流行の最先端、ロンドンに限る、と主張する人もいる。

また、イギリスでやってみたいことは、と尋ねてみると、ガーデニングをするのが夢、いや、庭の土いじりよりも緑のなか風を顔に浴びながらウォーキングをしてみたい、と答える人もいよう。いずれの活動も日本では強い支持をえている。健康のため、ウォーキングが盛んである。大きな組織があり、「楽しみながら歩けば風の色が見える」という言葉が案内書に躍っている。同じような気持ちでイギリスの人が歩きだし、イギリス独自の風景式庭園が建造され、湖水地方が「発見」され、ロンドンが「世界都市」になっていったのは一八世紀であった。

私たち日本人を惹きつける湖水地方やロンドン、愛好されるガーデニング、ウォーキング、風景画などには共通しているものがある。それは〈田園〉（カントリーサイド）である。風景式庭園が生まれ、やがてイギリス式庭園となって全世界へ「輸出」するようになり、風景画もフランス画壇に一大旋風を吹き込むようになる。文学の霊感となり、ロマン派を生み出した場も田園であった。

イギリスを旅行する人が車窓から田園風景を眺めるとき、心の安らぎを覚える。イギリスにいるのだと。田園には精神的な治癒力があるのを誰よりも知っていたのはイギリス人自身にほかならない。田園はイギリス人の魂のよりどころである。そして田園が精神力を豊かにする場であることを知り、そこを知的源泉として多くの芸術作品が生まれてきた。イギリスの田園は、ラテン詩人ウェルギリウスの『牧歌』のなかでうたわれた理想郷〈アルカディア〉でもあるのだ。だから田園は精神的慰藉《いしゃ》の場であると同時に知的源泉でもある。

田園が創作力の源として機能したのは一八世紀以前からであったが、心を癒す力があることを人々が積極的に認めだしたのは、一八世紀以後であった。この感性の推移はイギリス人が独力でもたらしたものではなかった。イギリス人の旅文化によって移入され、涵養《かんよう》された価値観から生まれたものなのである。

本書は、鉄道によるマス・ツーリズムが生まれる以前の一八世紀のツーリズムをテーマにする。だが、そのアプローチは、旅の形態を時系列で追っていくのではなく、焦点はあくまでも、理想像として機能した〈アルカディア〉と、その母体となる〈田園〉の変容を追究するところにある。一言でいえば、旅文化の変容を検討し、〈田園〉の意味を問うものである。

今述べたように、本書は、旅（トラヴェル）が旅行（トリップ）に変貌をとげ、鉄道が招来したトマス・クックのマス・ツーリズムが起きるまでの、ほぼ一七三〇年から一八三〇年まで実践されたツーリズムに焦点を当て、そこに継起した文化現象の諸相を読み取る試みである。その試みのなかで本書の旅を導いてくれるキー・ワードは〈アルカディア〉と〈田園〉である。むろん、両者ともイギリスの占有物ではなく、西欧古典文化の精神的支柱である。今日、イギリスを訪れる多くの旅行者は、田園の広がりを目にして、イギリスに来たことを実感する。では田園がなぜイギリスを特徴づける記号となるのか。なぜ田園がイギリス人の美意識になり、精神的な支柱にまでなったのか、旅文化の諸相とともにその本質を検討してみよう。

第一章では旅文化の最初の例として、グランド・ツアーを検討する。教養の確立という目的のもと、ギリシア、ラテン精神の源流を求め、イギリス貴族は芸術の国イタリアを目指した。グランド・ツアーを「制度」にまで昇華させたのは、一八世紀のイギリス人にほかならない。

グランド・ツアーは「目に見えないアカデミー」として機能した。その旅文化の基調としてたえず光を放っていたのは古代ラテン詩人ウェルギリウスである。ウェルギリウスは、ヨーロッパ精神史をつらぬく存在であり、ほかに同等な名前を挙げるとするならばホメロスぐらいであろうか。詩集『牧歌』のなかで楽園アルカディアを賛美した。田園の静穏さと自然を賛美する傾向は、グランド・ツーリストが自国へもちかえったクロード・ロラン、ニコラ・プッサンなどが描く古代風景画の影響により、一八世紀イギリスの精神風土を醸成していった。

グランド・ツアーという旅文化で重要なのは、旅を介在させた〈知〉のネットワークである。人と人の出会いが〈知〉のダイナミズムを活性化する。イタリアへの旅を通じて知り合った交友関係は、さまざまな分野が交錯して図らずも学際的な研究へと発展していくのである。画家ヨーハン・ゾファニー（一七三三－一八一〇）が描いたウフィッツィ美術館のトリブーナ・ギャラリーにひしめくグランド・ツーリストの群れは、まさに一八世紀の旅がさまざまに彩られていたことを再認識させてくれる。アルカディアを理想とする一人ひとりの旅人を読み解いていくとグランド・ツアーの断面が見えてこないだろうか。

ゾファニーの絵画でとった分析手法とは逆に今度はひとりの旅人に焦点を当て、その人物を取り巻く環境を浮きあがらせてみよう。グランド・ツアーを成立させている教養の姿が見えてくるはずである。ナポリに三六年間もとどまり、グランド・ツーリストの指南役をつとめ、さながらイギリスの「領事館」の役目をはたしたウィリアム・ハミルトンの生涯は、グランド・ツアーの縮図であり、ハミルトン自身、ギリシア、ラテン文化の精神を追い続けた典型的なグランド・ツーリストであった。

ナポレオン戦争という外圧のため、それまで国外へ放射されていた旅行熱は、国内の「外国」であるスコットランド、ウェールズにその熱を逆放射しはじめた。時代が下がるにつれて、限られた貴族から余裕のある諸侯、ジェントルマンへと旅人の層が拡大されていく。新興勢力の旅人が絵画の中で見た理想郷〈アルカディア〉を庭園に再現しようとする一方で、国内でもそれを見つけようと旅立っていく。これが第二章で扱うピクチャレスク・ツアーである。絵画に描かれたアルカディアを湖水地方に見出し、ツーリズムが発生していく。〈ピクチャレスク〉（picturesque）とは、「絵画のような、絵のように美しい」という意味である。

イギリスは平坦な土地が大部分なので、谷や険しい丘陵のあるウェールズや湖水地方が「外国」に見立てられたのである。たとえばワイ川渓谷は、グランド・ツアーで養った感性を国内で再現しようとする場になった。湖水地方も同様である。風景画に似た「風景」をたえず念頭におき、目の前の風景を観賞するような態度が生まれ、風景画のような「風景」を求めて旅をするピクチャレスク・ツアーが流行した。特に湖水地方を目指した旅行者は、クロード・ロランなどの風景画に描かれたアルカディアを求めていた。ウィンダミア湖のほとりに古代ローマの廃墟が同時に描かれるような絵が出現した。南欧で体験したアルカディア幻想は湖水地方において反覆され、ピクチャレスク美を求める旅に変換されるようになった。そして風景画に養われた美意識が現実の形になっていった。言うまでもなく、風景式庭園の出現である。このイギリスが誇る庭園文化は汎ヨーロッパ的な広がりを見せる。一方、審美家ギルピンたち唱道者が説く〈ピクチャレスク〉美は、その人工性ゆえに格好の諷刺の対象となった。シンタックス博士の旅行記の人気は庭園文化と同じく、ヨーロッパを席捲するほどの力をもったが、この流行はじつはピカレスク小説という文学的伝統に支えられたものであったことを忘れてはならない。

時代が下り、馬車が速度を増し、ツーリズムに変容を強いようとするとき、もっとも原初的な旅の形態である「歩く」という営為に強いまなざしが向けられた。第三章のテーマである、徒歩旅行、ペデストリアン・ツアーは、風光明媚な田園、山岳、原野でさかんに行なわれ、芸術面でロマン主義の勃興をうながした。田園を歩くペデストリアニズムは多くの思想家の思弁に支えられて、やがてウォーキングへと変貌し、現代のエコ・ツーリズム、グリーン・ツーリズムの基盤を築いていく。この文脈のなかでスティヴンソンの旅行記『旅はロバをつれて』は、これまでの旅の諸形態をすべて集約し、変奏してみせてくれる。フランス南部の山中にある修道院をめぐる旅は、気楽な漫遊であるどころか、自己内省の旅であり、原初の旅のすがたを忠実に再現しようとする精神の旅でもあった。旅は異なる土地に他者を求めていくが、むしろ、それゆえに本当に見出すのは自分自身であることを教えてくれる。これまた自己というアルカディアを求める旅である。

「歩行」には精神性と身体性の二面が表裏一体となっていた。思索、瞑想の手段とした思想家〈ウォーキング〉・スチュアート、ウィリアム・コックスなどがその精神を体現したツーリストであるならば、詩人ウィリアム・ワーズワスは、精神性を生きる指針となし、詩をつくる根本的な原理にまで高めた「歩く人」であった。同時代人であったロマン派の詩人たちの「歩く」軌跡を追うのも興味深いが、ペデストリアン・ツアーを実践した牧師ジェームズ・プランプターの存在を忘れてはならない。ピクチャレスク熱でわきかえる湖水地方を周遊するこの旅人の目はロマン主義の胎動とツーリズム産業をつぶさに観察し、アルカディアが変質していくさまに鋭い目を注ぐ。産業革命で育まれた国力は、ヨーロッパでのイギリスの優位性、独自性を萌芽させていく。ナショナリズムと同根の〈イングリッシュネス〉の誕生である。

一八世紀の旅にまつわる文化現象のなかでもっとも注目しなくてはならないのは、田園に風景美を求めて足を向けているとき、同時発生的に都会に対してツーリストの目がそそがれ、都市を探訪し、散策する人々が生じてきた現象である。第四章のロンドン・ツアーではこの現象に焦点を当てる。産業革命により世界都市となったロンドンは、ひとつの文化水準となり、ロンドンを規準にイギリスの価値が判断されるようになっていった。

上昇していく国勢を機敏にかぎとった桂冠詩人ロバート・サウジーはスペイン人の旅人ドン・マヌエル・アールヴァーレス・エスプリエーラに「変装」して、イギリス国内をくまなくまわり、〈イングリッシュネス〉を高らかにうたいあげていくのであるが、この〈イングリッシュネス〉の高揚こそ、根はナショナリズムにつながっていたのである。やがて〈イングリッシュネス〉を体現する大都会ロンドンを漫遊して、その体験を旅行記のかたちで記述してみせるのがひとつの流行となり、多くのロンドン探訪記が書かれたのであった。また都市において追究されたアルカディアはタウン・ガーデンになって花開く。植物栽培、庭園建造などが都市でのアルカディアを形成していったわけである。

田園はイギリス人の意識のなかで複雑な変容をとげながら、人々がたえず立ち返る風景にまで昇華されていく。『カントリー・ライフ』は、〈アルカディア〉と〈田園〉の意義と意味を一世紀以上にわたり問いつづけてきた雑誌である。終章では〈アルカディア〉と〈田園〉像が一九世紀以後、今日までどのような変遷をたどったかを、この雑誌の中に見出してみたい。それは田園が国家表象であると同時に、イギリスの人々がたえず立ち返る精神の〈アルカディア〉であると教えてくれるはずである。そして、今後、多文化主義の多様な価値観のなかで、アルカディア精神がどのように生きていくかを〈田園〉は示唆してくれる。

第一章 〈アルカディア〉を求めて グランド・ツアー

1 「制度」の誕生

貴族の子弟が社会に出る前に、教育の仕上げとして組まれた旅がグランド・ツアーであった。外国で新しい知見を学ぶ、これまで学んだ古代ギリシア、ラテン文学の作品にうたわれた地を見学する、美術作品を鑑賞するといった、いわゆる芸術、学芸上の目的からその旅はもくろまれたのである。ヨーロッパのなかでもイギリスはイタリア文化の影響を強く受けていたので、いきおいイタリアがイギリスにとって「学びの地」になったのである。こうした人文学的見地からの旅ではなく、外国の実情を観察し、政情に通じるといった外交的な目的をいだいて旅立ったグランド・ツーリストもいた。

グランド・ツアーという言葉が英語として記録されたのは、リチャード・ラッセルズの『イタリアの旅』(1670)のなかで言及されたのが最初の例とされる。しかしこの旅行書よりも以前にイタリアの案内記は外交官トマス・ホービィ、イタリア学者ウィリアム・トマス、旅行家フィネス・モリソン、旅行家トマス・コリヤットなどによって書かれていた。一八世紀初頭になるとイタリア旅行記が洪水のように刊行される。この旅行記の氾濫は、イタリアへの旅行者が着実に増加していた証しになろう。

このように、グランド・ツアーは、ヨーロッパでも実践されていたが、とりわけイギリスが慣行化し、制度にまで高めた。この旅行は教養旅行としてとらえられているが、そこには時代を代表する知性の裏づけがあったといえる。

一五八〇年にモンテーニュは「国籍を捨て去り、人々の融和をはかり、共通の連帯意識をもつべきである」と人間の閉塞性を開放するものとして旅をとらえている。フランシス・ベーコンはもっと踏み込み、旅を考えようとした。しかもベーコンの言葉にはまさにグランド・ツアーを強く肯定する態度が見られるのである。「旅は若者にあっては教育であり、年輩者にとっては経験となる」と、この経験哲学の祖は旅の重要性を語り出す。ただ然るべき注意も忘れない。漫然と旅に発てとすすめているのではない。その国の言葉も知らないで行くような者は、旅ではなく学校へ行くようなものである、と述べているから、ベーコンの旅の目的はかなり高い水準に設定されていたと言わねばならないだろう。グランド・ツアーはかならず家庭教師が引率してきたが、この存在はこれから学ぼうとする若者には必要であるとベーコンは忠告している。「若い人が家庭教師か実直な召使いに付き添われ旅行することは実によいことである」と推奨して、その役割は「どのようなものを見るのか、どのような人に近づくのか」を教示することにある、という。家庭教師のような指南役がいないと「若者は目隠しをされたままで、外国ではほとんど何ひとつ見ないことになってしまうであろう」と注意を与えている。

さらにベーコンが見物、観察すべき対象としてあげているものは、グランド・ツーリストにとって教養の対象であった。いわく、王侯の宮廷、法廷、教会、修道院、記念物、城壁、要塞、旧跡、廃墟、図書館、大学、邸宅、庭園など。引率者は事前に訪れる所を丹念に調査しておかなくてはならず、その土地で行なわれる「催し物、仮面劇、祝宴、結婚式、葬式、処刑」などについては是非とは言わないまでも「無視できない」と、外国の日常生活にふれる機微も忘れてはいない。そしてベーコンは外国のこともすべてを検討もせずに盲信してしまってはならないと戒めている。また「外国で学んだ成果」を「自国の習慣にとり入れる」ようにすべきで、けっして自己の立場を忘れ、外国に盲従してはならないと強く説いている。

グランド・ツアーがもっとも盛んになる一八世紀半ばにはジョンソン博士がひかえていた。「宗教も芸術も、われわれが野蛮人と境界線を引いて区別しているものはすべて地中海からもたらされたものである」ゆえに、旅はその地に向かうのは当然のことであり、その地を訪れることこそ「旅の一大目的」であるとした。ジョンソン博士の言葉に汎ヨーロッパ的精神があふれていることを見落としてはならない。自国を偏愛してやまないイギリスを代表する知性が「イタリアへ行った経験のないものは、一生その劣等感にさいなまれつづける」とまで看破した裏には、イタリア文化、芸術の優位がはっきりと立ちはだかっていたのであった。

ジョンソン博士の言葉が、イタリアを目指し芸術、文学、歴史、商業、外交、政治を学び、知見を深め、広げようとする若き貴族の子弟を鼓舞するところとなったのは想像に難くない。

自身もグランド・ツアーに出て、その実体験をひとつの糧にして『ローマ帝国衰亡史』を書き上げたエドワード・ギボン（一七三七－九四）は、グランド・ツアーの意義をもっと直截《ちよくせつ》に語っている。

ギボンは旅行者に不可欠な条件として、まず旅道中の辛労を耐え忍ぶ「心身両面の強靱にして活発な活力」をあげ、大河を渡り、山頂をきわめ、深淵を見きわめる「不断の好奇心」をそなえ、「古典や歴史の豊かな教養」に身をゆだねる必要を強調している。

さらに具体的に語りかける。目と耳の練磨がイタリアの旅をより興味深いものにするというのである。耳で音楽の楽しみを倍化させ、田園の風光を愛で、絵画の真髄にふれ、建築物の均斉を弁別できる、「正確にして繊細な目」を養うべきである、と強く訴えている。

そしてギボンは旅の成果が自己のうちに結実した瞬間を静かに語りかけてくる――「『ローマ帝国衰亡史』の主題を決めたのはイタリアとローマをこの目で見た実体験からであり、

図１　教師、従者とともに到着

それは一七六四年一〇月一五日の夕暮れに、フランシスコ修道士の教会で黙想していたおりしもカピトリーノの廃墟にあるユピテル神殿からもれてきた晩禱を誦する声を聞いたときであった」。ギボンはこの体験をいみじくも「受胎の場所と瞬間」として記憶にとどめている（『ギボン自伝』）。

グランド・ツアーの一大目的が〈知〉の水平線を拡大することにあったから、その目的遂行のために同行者も決定された。若き貴族の子弟、家庭教師、召使い――この三者でツアーが展開したのである。［図1］フランス人旅行者が民俗学に関心を寄せたのとは異なり、イギリス人旅行者は風景、絵画とくに肖像画に心を奪われていった。詩聖ダンテやペトラルカが、ミケランジェロやラファエロが、ヴィヴァルディが生まれ、ガリレオが科学を究めた場所イタリアは、イギリス人にかぎりない感化力を及ぼしていき、ひとつの精神にまでなっていったのであった。すなわち豊饒をつかさどる地の女神マター・テルースそのものであったのである。このようにイタリアがイギリス人の想像力のなかにひとつの集団意識として取り込まれていったことはきわめて注目すべき現象であった。芸術の殿堂パルナッソス、理想郷エリジアムの野、黄金のりんごがたわわに実るヘスペリデスたちの楽園、この三者のイメージがグランド・ツーリストたちの旅行を通じて、イギリス人の想像力を鼓舞し、意識のなかに確実に定着していったのである。

2　旅程と道中

グランド・ツアーは歴史的にみると、すでにエリザベス朝から実行されていた。詩人フィリップ・シドニーが一五七二年から七五年にかけて行なったグランド・ツアーはその最たる例であろう。当初、貴族だけが行なう旅として限定されていたが、やがて中産階級も参加するようになる。一八世紀にもっとも盛んに行なわれることになるが、この間、のちのイギリスをイギリスたらしめる感性の形成が突き進んでいくようになる。固有の文化のなかに外国の文化が入ってくるのである。そして流入してくる文化をどのように自国文化と折衷させるか、という新たな課題も生じてきたわけである。ヨーロッパのどの国でもグランド・ツアーを行なっていたが、このような文化形成の一大要因とまでなったのは、イギリスだけである。しかもその旅行の形態は「制度化」されていったのであった。

この大旅行も一八一五年のウォタールーの戦い以後、ヨーロッパの政情のなかでは生き残れなかった。とはいえ、完全に終息したわけではなかった。たとえば、イタリアへ侵攻していくナポレオン率いる軍隊の先回りをして、戦争を見学するようなグランド・ツーリストもいたのである。ナポリまで追いかけて行き、ナポリが陥落するとパレルモへナポレオンを追跡していくというように。だから刺激にみちた戦場は、旅行者にとってぜひとも立ち寄らねばならない「スポット」であったわけである。グランド・ツアーに旅立った詩人バイロンが生きる意義を問いかけ、旅する意味を問うのもウォタールーの戦場跡であったことを忘れてはならない。好奇心のおもむくまま、エルバ島へ流されたナポレオンに会いに行くようなグランド・ツーリストまでいたのである。

鉄道の発達、トマス・クックの「旅行の民主化」が進んでいくと、グランド・ツアーの存在意義が消えていってしまうのは事実であった。旅が旅行に変わり、誰もが旅行にでかけるようになったからである。その意味でのちの首相ウィリアム・グラッドストン（一八〇三－九八）が制定した一マイル一ペニーという列車料金の導入は、旅の形態を民衆化し、決定的に変化させてしまったといえよう。

グランド・ツアーの旅程は出発から目的地までほぼ同じような型にはめられていた。フランスのカレーに到着して、フランスを横断し、陸路ならばアルプスを越え、海路ならばマルセイユからイタリアへ入国するというものであった。旅行者はナポリ、シチリアまで南下していったが、オスマン帝国がまだ支配していたギリシアには近づけなかった。また、スペイン、ポルトガルにはあまり関心がなく、東ヨーロッパや北欧にはほとんど足を向けなかった。イタリアの諸都市がその目的地になっていき、フィレンツェ、ナポリ、ヴェネツィアなどが代表だったが、なんと言っても永遠の都ローマこそが一大目的地であった。通例、ローマは往路と復路で二度訪れる都市であった。目的地は北イタリアの都市が主流であったが、文明の発生の地を求めて南下していき、七九年のヴェスヴィウス火山噴火で埋まっていた古代都市ヘルクラネウムが一七三八年に、ポンペイが一七四八年に発掘されると南イタリアが注目を集め出した。ルカニア海岸にある古代ギリシアの植民都市パエストゥムのマグナ・グラエキアに旅行者は群がった。

旅行者は帰路もまたほとんど同じルートをたどり、本国へ向かった。ドイツを経由してオランダ、ベルギーを通り、出発地のドーヴァーへ戻るのである。

たしかに高い理想をかかげて永遠の都に心をはせるのは楽しく心弾むことにはちがいなかった。だが、「交通、天候などあらゆる道中の艱難《かんなん》に無頓着な微笑でもって耐え忍べ」という箇条をギボンがグランド・ツアーの要件の第一にもってきたのも無理からぬところがあった。二人掛け二輪馬車であろうが大型の駅馬車であろうが悪路には到底あらがえなかった。

しかもイタリアの馬車は、ほとんどがスプリングなしであったのだから、その「労苦」たるや拷問に近いものであったろうと想像できる。イギリスのドーヴァーからフランスに着くと、ほとんどの旅行者は馬車を借りることになるが、車軸が折れたりすることも珍しくない。乾季には粉塵が逆巻き、冬季には水浸しになる悪路を文字通りかき分けるように進んで行くのだが、アルプス越えのため、その便利な交通手段も乗り捨てなくてはならない。どの旅行記にも異口同音に馬の賃料の高さ、御者の尊大な物言いと態度、宿泊施設の貧しさと汚さ不潔さがあげつらわれている。

疫病の恐怖も旅行者の不安をあおる最たるものであった。じっさい、ある土地に入ると「隔離」されて、二週間の足止めを食うのもよくあることであった。たとえば、一七二二年、ラヴェンナを出発したエドワード・ライトは、二種類の証明書をたずさえていた。一通の証明書には一行全員が健康である旨が記されていて、ペスト患者などいないことを明らかにするもので、その都市へ入れてもらうために使われた。だがもう一通の証明書には全員が病人であると書かれていた。この証明書があれば宿は病人と思い「新鮮な肉」を供してくれた、という。まったく異なる健康証明書を、その状況に応じてたくみに使い分けていたのである。

証明書といえば国境、郡境の税関で見せなくてはならない通行証、許可証の類も旅行者のわずらわしさを倍加した。道中、トスカーナで一度見せ、ルッカで、そしてまたトスカーナ

図2　古美術の選定

で、そしてモデナで、最後にジェノヴァでまた提出を求められたチャールズ・バーニィが一七七〇年に味わった経験はけっして例外ではない。

　また、だれもが欲しがった美術品の購入にも落とし穴が潜んでいた。［図2］古美術の修復業者がローマを中心に多くいた。彫刻家バルトロメオ・カヴァチェッピなどは本業よりも修理で生計を立てていたほどだ。「本物」か「贋作」かは、業者との交渉次第で決められることもあった。当然不正がまかり通る。イギリス人が製造したカメオやインタリオ（彫込み宝石）をコロシアムに埋めておき、旅行者の手で発掘させて、喜ばすといった手の込んだやり口まであった。一九世紀に入ると、ローマに押しよせてきた旅行者の需要に対応しようと、ガラクタまがいの偽造品製造工場まで出現したほどである。

ローマの美術市場はトマス・ジェンキンズ（一七二二－九八）とジェームズ・バイヤーズ（一七三四－一八一七）のふたりのイギリス人の手で、半世紀ものあいだ牛耳られていた。両者とも画家志望であったが古美術商として有名になった。商才に長けていたのは共通していたが、ジェンキンズは社会的栄達をめざしていた。イギリス人旅行者のためにローマ教皇との謁見も実現してみせたほどである。バイヤーズはスコットランドなまりが災いしたのか、評判はもうひとつであったようだ。でも、美術商としての鑑賞眼はすぐれており、ルイ・デュクロの古典画をリチャード・コルト・ホーアに購入させ、それを見たターナーが感動し、霊感を覚えたのはよく知られている。ギボンは、「経験と趣味が豊かな」バイヤーズに現地案内を乞い、ローマの遺跡に案内されて、『ローマ帝国衰亡史』起草の端緒をえている。バイヤーズに比べ、ジェンキンズには辣腕ぶりを伝える逸話が多くのこっている。ある年には五〇〇〇ポンドの契約をして、四〇〇〇ポンドの収入を得た。取引の折に見せる「演技力」にイギリス人旅行者は心動かされた。売却するとき、美術品と「別れる」のがつらいと涙声をしぼり、落涙してみせた。

3　旅の誘い

グランド・ツアーに人々を駆り立てたひとつの要因として旅行記の存在を忘れてはならないだろう。

イタリア旅行記の類はすでにエリザベス朝時代から書かれていた。外交官トマス・ホービィ（一五三〇－六六）は、一五四九年にイギリスを発ち、フィレンツェ、ローマ、ナポリ、パドヴァで学究生活をおくったが、その旅行記は築城法、政治情勢から社会風俗、宗教、廃墟、ルネサンスの彫刻などについて詳述している。ロンバルディア出身の文学者カスティリオーネ（一四七八－一五二九）の『宮廷人』（1528）を英訳して発表したが、エリザベス朝のもっとも影響力のある文献となった。ウルビーノの宮廷生活における若き貴族と知識人の討論をもとに描き出された世界はルネサンス宮廷文化の典型的な人間像を伝えるものである。カスティリオーネの散文は一六世紀イタリアの最高水準をいくものであるが、この文章を過不足のない英語に移しえたのはホービィのグランド・ツアーの賜物にちがいない。本書がイギリスにあって、グランド・ツアーの熱を起こし、イタリアへの知的憧憬をかきたてた功績を見逃してはならない。

さらにグランド・ツーリストを誘った文献が同じエリザベス朝時代前後に出版されている。イタリア学者ウィリアム・トマスの『イタリア史』（1549）である。この本はタイトルを裏切っており、イタリアの歴史の記述もあることはあるが、今日の基準をもってすれば「ガイドブック」に分類される。ローマ、ナポリ、フィレンツェ、ヴェネツィアなどと章立

Thomas Coryate,

TRAVAILER

For the English wits, and the good of this Kingdom:

To all his inferiour Countreymen, Greeting: Especially to the Sireniacall Gentlemen, that meet the first Friday of euerie Moneth, at the Mermaide in Breadstreet. From the Court of the great Mogul, resident at the Towne of Asmere, in the Easterne India.

Printed by W. Iaggard, and Henry Fetherston. 1616.

図3　コリヤットの旅行記

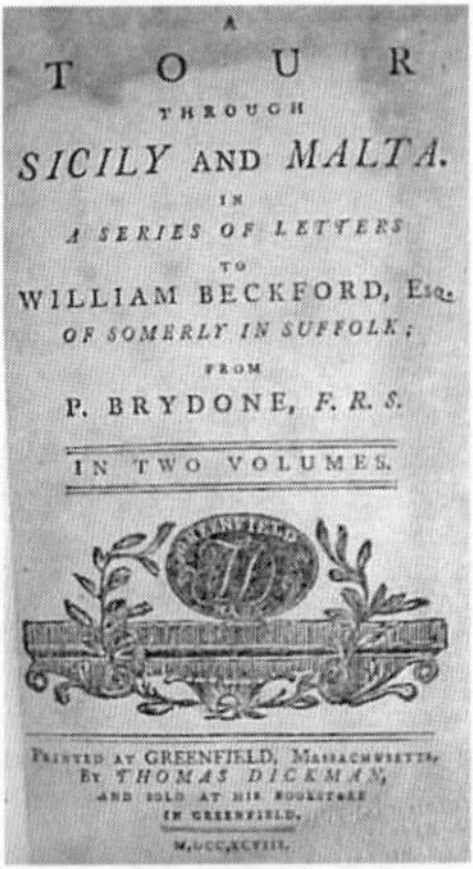

A

TOUR

THROUGH

SICILY AND MALTA.

IN

A SERIES OF LETTERS

TO

WILLIAM BECKFORD, Esq.

OF SOMERLY IN SUFFOLK;

FROM

P. BRYDONE, F. R. S.

IN TWO VOLUMES.

PRINTED AT GREENFIELD, MASSACHUSETTS, BY THOMAS DICKMAN, AND SOLD AT HIS BOOKSTORE IN GREENFIELD.

M,DCC,XCVIII.

図4　ブライドンの旅行記

てされており、どの章もその都市の地勢状況から筆がおこされているからである。しかも案内書の記述にあるように、客観的な観察で、じつに平明な描写で終始しているのである。このマキャヴェリ風の透徹した描写力は、同時代の作家では並ぶものがいなかった。

一七世紀になるとイタリアを紹介する記述はより緊密になる。たとえば旅行家トマス・コリヤット（一五七七？－一六一七）の『クルディティーズ－フランス・イタリア紀行』（1611）は精神高揚のためにヨーロッパ大陸を周遊することを若き貴族たちに鼓舞した。グランド・ツアーのほとんどをみずからの足でえた知見は、風俗、社会習慣から歴史、政治にまでおよび、物価、飲食料の類までじつに詳しく書かれており、二〇世紀に入ってからも読みつがれているほどである。コリヤットの本書はイタリア旅行の必携書の地位を獲得するほどの名著であったといえよう。ジョンソン博士によると、コリヤットは、ジェームズ一世の宮廷の滑稽作家で「学識と才知と道化を混ぜ合わせたような」人物で、アジアを横断した徒歩旅行記［図3］により一八世紀の人々にも多くの見聞をもたらしていた。

グランド・ツアーの様子をつぶさに書き残したある旅行記が一八世紀後半に大変な評判をえていた。旅行家パトリック・ブライドンの『シチリア・マルタ紀行』（1773）は、グランド・ツアーの目的地をより南下させるのに貢献したのと同時に、旅行記の楽しさ、つまり旅の誘いを読者に語りかけてきたのであった。［図4］ジョンソン博士もブライドンの反宗教的な記述を保留しながらも、その旅行記は信頼するに足る立派な見聞記であると認めている。じっさい、ブライドンのイタリア旅行記は広く愛読されていたのである。ここに興味深い統計がのこっている。一七七三年から一七八四年までのブリストル図書館蔵書のなかで、ブライドンの旅行記はもっとも貸し出しが多かったのである。この旅行記に収めた火山と電気の論考により、ブライドンは王立協会の会員に選ばれるという栄誉に浴した（一七七三）。やがてフランス語、ドイツ語に翻訳されて、後者をゲーテはイタリア旅行にたずさえていった。

図5　『ウフィツィ美術館のトリブーナ・ギャラリー』

4　旅人の群像

序章でグランド・ツアーにおける〈知〉のネットワークの重要性を指摘したが、さまざまな知識、情報が人との交流によって交換され、ダイナミックに発生し、伝播していく場をネットワークは提供する。異なる背景をもつグランド・ツーリストとの自由闊達な議論の展開は思いがけない事物、人間との邂逅《かいこう》から生まれるものである。

ゾファニーの『トリブーナ』

ではイタリアの地においてネットワークの網目がどのように編まれて

いたか、その参照枠として絵画を用い、個々の旅行者をみてみよう。ゾファニーの『トリブーナ』は、ウフィッツィ美術館のトリブーナ・ギャラリーを描いている。［図5］ギャラリーはメディチ家のコレクションを基礎にした名画、名品を数多く収蔵していることでヨーロッパ中に名声をとどろかせていた。ジョージ三世もシャーロット王妃も名品の数々を鑑賞したかったのだが、宗教上の理由からフィレンツェまで行くことができなかったため、ゾファニーにトリブーナ・ギャラリーの模写画を依頼したのであった。そして完成したのが『ウフィツィ美術館のトリブーナ・ギャラリー』であった。ゾファニーはこのなかで各流派の作風をみごとに再現、模倣してみせたが、見る人の視点をなかにおくように工夫をこらし、絵に奥行きを出すようにした。とりわけグランド・ツアー中のイギリス人を絵の中に描き出したのはゾファニーの創見といってよい。

絵画は三グループから構成されている。正面中央の右寄りの第一グループはティツィアーノの『ウルビーノのヴィーナス』を中心に群がっているが、左手を剣におき説明に聴き入っている貴族がフィレンツェのイギリス公使ホレース・マン（一七〇六－八六）である。胸に輝くバース勲章が威厳をそえている。そして、右手で絵をささえ、マンに女神の絵を説明している人物が画家トマス・パッチである。ここで作者ゾファニーの対照法が効果的に使われているのがわかる。たとえば、女神像は、後ろに置かれたレスラーの彫像と対をなしている。パッチは両者の美的価値を論じていて、女神像よりも筋肉たくましい裸の男性像の方にりあるまいか。芸術的価値があると論じているのであろう。左手の指はレスラーの彫像をさししめしており、芸術作品の優位性を論じている以上に、みずからの性的嗜好を雄弁に語っているのではあるまいか。

フィレンツェは大規模な図書館、美術館がある都市であるがゆえに、多くの旅行者を誘い寄せていた。そこにはほぼ半世紀にわたり駐在して、イギリス本国へイタリアの政治的動静を知らせる役割を担っている公使、ホーレス・マンがいた。マンはグランド・ツアーをめぐる文脈のなかにかならず登場する人物である。有名人であり、名物男でもあった。とりわけ旅行者にほどこす歓待ぶりは、多くの旅行記や書簡、報告のたぐいのなかに記録され、旅の孤独をいやす得がたい存在として人々の記憶にのこっている。ジョン・ボイルは、マンの人間性を称揚する――「マンこそイギリスの誉れである。寛大さにみちた生き方は、同国人にたいして礼をつくして親切心にあふれている。丁重な礼儀と分別あるふるまいこそ、イギリス、イタリア両国民が範とすべき手本になっている。イギリス全国民をあげて尊敬おくあたわざる人格者といえば、マンをおいて他にいない。偏見をいさめ、猛々しさをおさえるすべを体得しているようだ」と。まるでイギリス人の美徳を一身に具現したかのような評価があたえられている。

フィレンツェに逗留する旅行客のほとんどがマンのもとを訪れ、歓待に浴するようになるわけだが、そもそも彼はどのような経緯でこのフィレンツェに滞在するようになったのであろうか。そしてもうひとつ疑問がわいてくる。孤独な旅人を慰めるからといって、どうしてここまで親切心を振りまくのであろうか。

一七〇六年に裕福なロンドン商人の次男として生まれたホーレス・マンは無為な日々を過ごしていたわけだが、ケンブリッジ大学クレア・カレッジ在学中に沈鬱症にかかり、中退を余儀なくされてしまう。生来、蒲柳《ほりゅう》の質であったが、晩年にいたるまでこのヒポコンデリーの病にとらわれてしまうのであった。父ロバート・マンがケントに広大な敷地を求め、そこに大きな館を建てて息子のふさぎの病をいやそうとした。また子供自身もカントリー・ジェントルマンの生活を楽しもうと期待したのだが、一向に病状は好転しない。そこで考えられたのが転地療養というわけだ。イタリアの太陽のもとで清冽な空気に心身をさらせば、息子の心の病もいやされるにちがいないと願った。だが、故国をあとにするときになっても息子はまだ悲愴感につつまれていた。もう二度と故国の地をふまない覚悟があったのであろう、棺桶をかかえて旅立って行ったのだ。

一七三二年三月、ナポリを皮切りに、四月にはローマへ、六月にはパドヴァ、七月にはヴェネツィアの諸都市をめぐり、フィレンツェには一七三三年四月に到着した。やがてフィレンツェで小さな事件がおきた。ささやかな出来事であったがマンにとっては一生を決定する一大事件に遭遇する。それは一七四〇年四月のこと。フィレンツェのイギリス公使チャールズ・フェンが急遽本国へ召還されたのである。後任者としてマンが推挙された。いくらイタリアに長年暮らしているからといって、イギリスの弁理公使に任命されるはずがない。おそらく友人ロバート・ウォルポールの後ろ楯があって可能になった社会的栄達であった。イギリスは、イタリアへ外交官を派遣していなかったため、政治の動静を本国へ伝えるきわめて責任ある任務を課せられることになったわけだ。第一級の外交官にはなりそこねたが、天は彼を見捨てなかった。「歓待」という天啓をさずけていたのである。歴史家エドワード・ギボンはその自叙伝のなかでグランド・ツアーの途中、フィレンツェで遭遇したマンのことを、「イギリス人旅行者を心づくしの食事で歓待するのを最大の職務としているイギリス公使」として紹介している。

マンの伝記作者は、マンの人相が人の良さと善良さをあますところなく伝えていると述べている。人相が示すゆえに親切であったのか、人を気づかう心が容貌にあらわれたのかは定かでないが、旅人が旅先で慰安を得るといった普通の意味での歓待ではなかったようなのはどうやら事実らしい。ともあれマンは遠くフィレンツェで安住の地を見出したようである。旅が自己解放するアルカディアになったと言うべきであろうか。

マンの親友に画家トマス・パッチ（一七二五－八二）がいた。外科医の次男としてエクセターに生まれたパッチは、初め薬学を志望していたが、古美術商のリチャード・ドールトン（一七二五－九一）とともにイタリアへ旅立ち、画家として立とうと決意した。一七四七年、すなわち二二歳の時、ローマで画家ジョシュア・レノルズ（一七二三－九二）、建築家

図6　トマス・パッチによる戯画化されたツーリスト

マシュー・ブレティンガと彫刻家ジョゼフ・ウィルトンやサイモン・ヴァーピルなどと交友を深めていくが、どうやらこの時期にレノルズから諷刺画の手ほどきを受けたようだ。パッチの画家としての名声はこの分野にある。ローマの風景や海岸風景を描き、早くから名声を博していたクロード＝ジョゼフ・ヴェルネのスタジオで絵画修業をつづけていたとき、チャールモント伯からの依頼で、パッチはローマやティヴォリの風景画を数多く描いた（一七五〇－五一）。一七五三年に短命に終わったブリティッシュ・アカデミーの会員となったが、一七五五年のクリスマス、同性愛事件がもとでローマから追放の憂き目にあってしまった。

　イタリア各地を放浪のすえ、フィレンツェに流れ着いたパッチは、生計のため師ヴェルネの作風を模倣した風景画、ルネサンスの巨匠の作品の模写や風景画などを描きなぐっていった。グランド・ツアーの旅行者がパッチの上得意で、旅の記念にその作品を多く購入していった。絵画のほかに骨董も売りつけていたらしい。やがて観相学に多大な興味をいだいていたパッチは、作風を風景画、人物画から諷刺画の方へ移していった。諷刺の毒をもった絵を何葉も制作したが、そのいずれもグランド・ツーリストの生態が描きだされていて、文化史的資料としてもじつに興味深い対象となっている。［図6］

さて、話を絵にもどそう。ゾファニーの大作『トリブーナ』（一二三・五×一五五㎝）は、一七七二年夏、シャーロット王妃の命のもと制作がはじまった。翌年の年末にはほぼ完成していたのだが、何人かの貴族からほかの絵画の制作依頼を受けたため、この大作は未完の状態で数年間放置されたままであった。その間、画家自身に何らかの趣向の変更が生じたのか、ほぼ完成していた絵に自分自身を描き入れたのである。左端のふたつの彫像のあいだに、ラファエロの『母と子』のキャンヴァスを論じている二番目のグループが描かれており、そのなかでキャンヴァスを持っている人物が画家ゾファニーである。この自画像を描くため、絵の完成は一七七七年まで引き延ばされた。絵にX線をかけてみると、明らかに前作の痕跡がとどまっており、自画像が後から描かれたことは明瞭である。そのゾファニーの横にいるのがクーパー伯爵である。

一七三八年にロンドンの名門貴族のひとり息子として生をうけたジョージ・ナッソ・クレ

ーヴァリング・クーパー（一七三八－八九）は、パブリック・スクール、イートン校を卒業後、学業を仕上げるために、一七五七年、ひとりの家庭教師をともなってグランド・ツアーに旅立っていった。オランダ、ドイツとめぐり、スイスで二年間の勉学を果たした後にフィレンツェに到着した。一七五九年七月のことであった。イタリアのナポリ、ローマを見聞しているうちクーパーのなかで美術愛好熱がわきあがってきたのか、絵画蒐集をはじめたのである。絵に没頭する息子に危惧を感じた父親と家庭教師はクーパーをフィレンツェに呼びもどし、正規の教育を受けさせようとした。父親はイタリアから出国させ国会議員にするつもりでいた。

ところがクーパーの美術熱はいっこうに冷めず、それどころかアントン・ラファエル・メングスに依頼して肖像画を描かせている（一七六九、一七七三－七四）。一七六四年、二六歳のときに莫大な父親の遺産を引き継いだため、フィレンツェの社交界に君臨するようになる。ジュゼップ・マクファーソンに依頼して、細密画を描いてもらったのもこの時期であり、フィレンツェ・アカデミーの会員にも選出されている（一七六六）。ヘンデルのオラトリオをイタリア語に翻訳し、自費で上演して、イギリスに帰化した（一七二七）この音楽家の名を不朽のものにしようとする努力も忘れていなかった。

ゾファニーの才能をいち早く見抜いたのもクーパーであった。肖像画を依頼されたゾファニーはラファエロの聖母像二葉をそえて、クーパーに献呈した。その後も両者の関係は親密につづき、ゾファニーが一七七八年にフィレンツェを去った後でも、絵画蒐集はとどまることなく、フラ・バルトロメオの『聖家族』などの名画をコレクションに加えていった。一七八〇年代にはジョゼフ・プルラなどの少壮画家の後援者となり、育成に心血をそそいだのである。

一七七七年には王立協会の会員に選出される栄誉に浴している。クーパーがサー・ホーレス・マンのフィレンツェ公使の職責をねらっていたとしても何ら不思議ではない。大望をいだいて国王ジョージ三世のもとに参上し、ラファエロの自画像を献じたが、願うような結果にはならなかった。阻止された情熱のはけ口は再び美術熱に向けられ、数々の名品をコレクションに加えている。そして晩年は全身が浮腫におおわれる水腫症にかかり、一七八九年一二月二二日にフィレンツェで息をひきとった。

さらに『メディチのヴィーナス』に群がる右端の三番目のグループに目を移してみよう。群れのなかにアフリカ探検で有名なサー・ジェームズ・ブルースの大きな姿を認めることができる。文明の源流であるナイルの源をつきとめるのは、一八世紀ヨーロッパ人の悲願であった。一七七〇年一一月四日、ブルースの一隊はついにギッシュにあるナイル川の源流にたどり着いたのである。こみ上げてくる歓びを抑えることができず、ブルースはジョージ国王陛下、シャーロット王妃とその子供たち、そしてマリアと万歳三唱を唱えた。ただし、三人目の名前は聖母マリア様ではなく婚約者の名前であったようだ。「三〇〇〇年の時の流れのなかで、古代人、近代人がたゆまず才知をかけて情熱をそそぎ探求してきたがむなしくもとどかなかった、ナイルの源流に立った瞬間、私の心がどのような状態であったか、即座に誰も推しはかれまい」と全身でブルースは天をつく歓びを表したのである。ただ残念ながらブルースの発見に冷水を浴びせかけるような事実をここで急いで書きそえておかねばならない。ギッシュは一六一八年にイエズス会士ペドロ・パエズがすでに訪れており、さらにギッシュの泉は青ナイルにそそぐ支流のひとつでしかなかったのである。白ナイルの大河の源流は、その地から五〇〇マイルも離れたヴィクトリア湖であった。ほぼ一世紀のちにジョン・ハニング・スピークが発見することになる。

ブルースは帰国後、すぐにアビシニア旅行記を書こうとはしなかった。遠縁にあたるジェームズ・ボズエルが短い抜粋を雑誌『ロンドン・マガジン』（一七七四年八月および九月号）に発表しただけで、その膨大な記録は篋底《きょうてい》に秘められたままであった。一六年間も筆にしなかった旅行記を急に執筆へと駆り立てた動機は一九歳の妻マリアの突然の死が大きく原因している。一八世紀最大のベストセラー、キャプテン・クックの『太平洋探検』のような旅行記を作成しようとして、三〇〇〇ページ以上の浩瀚《こうかん》な旅行記が仕上がり、『ナイル川の源流を求めた旅』と題した大型五巻本が店頭を飾ったのは一七九〇年のことであった。一八世紀の旅行記の慣例に忠実に従い、手に汗握る冒険談があるかとおもえばアフリカ女性とのロマンスが急に割り込んできて、そのあとに古代エチオピア王朝史が延々と語り継がれていき、アビシニアの政治、自然誌が活写されるといった、混交そのものを示す内容であった。ところが読者の好奇心に訴えるところ大であったのか初版は店頭から一日半で姿を消してしまい、ドイツ語、フランス語訳が矢継ぎ早に出版されたのであった。『ロンドン・クロニクル』『クリティカル・レヴュー』などの書評でも好評をもってむかえられたのだが、著者を失意の底に突き落とすような出来事が待ちかまえていたのである。ジョンソン博士の軽い非難、人気のある諷刺家ジョン・ウォルコットが戯詩でブルースをからかっているうちはまだよかったのだが、直後にアビシニアを旅行してきたヴァレンティア子爵とヘンリー・ソールトが一八〇九年、旅行記の信憑性について決定的な疑念を表明したのである。

ゾファニーの『トリブーナ』には、二二名のグランド・ツーリスト、四七点の絵画、六点の彫像と数え切れないくらいの作品が描かれている。イギリス貴族はイタリア美術の至宝を鑑賞しているが、芸術作品の鑑賞こそが教養の必修であり、そして絵画趣味に通じることがジェントルマンの要件であり、絵画蒐集は階級を代弁する、という言説《ディスコース》を明らかに伝えてくれる。

壁一面にかけられた絵の並べ方は、一八世紀に「ジェントルマンの展示法」として有名になり、名画がどの流派に属するか、また特徴は何か、などと論じ合うとき比較しやすいように配置されているのである。右手にイタリアのヴィーナスを置き、左手にオランダのヴィーナスを対比させているのも構成、色彩、質などを比較検討するためである。

中央にティツィアーノの『ウルビーノのヴィーナス』が置かれているが、この名画は裸体画ジャンルを確立させた作品として知られている。この作品を完成するため、ティツィアーノは裸像モデルをギリシア彫刻に求めた。だからティツィアーノの『ヴィーナス』と『メディチのヴィーナス』が古代ギリシアの美を代表するものとして配置されているのである。同様に、ルーベンスも『戦争の帰結』と『四人の哲学者』が対比されているし、一六世紀イタリア・ルネサンスを代表するラファエロの四点の作品も配置されている。ゾファニーはラファエロとルーベンスの作風を比較することが流行している風潮まで描き込んでいる。

ゾファニーの同時代のイギリス人への配慮は、ハンス・ホルバインの『サー・リチャード・サウスウェル』と『ガリレオ』を対比させている点でもうかがえる。さらに興味深いのはラファエロの肖像画から、あのルターを破門した教皇レオ一〇世を削除している点である。これはやはりプロテスタントへの配慮であろう。

ゾファニーの大作は、グランド・ツーリストがルネサンスの傑作にふれて、西欧文明の成果を一身にあび、その伝統につらなることの意味を表現している。トリブーナにある芸術作品とグランド・ツーリストであるイギリス人の貴族は対比、同化され、ゾファニーの絵画のなかに描かれることで自らが伝統の一員になれたのである。ただしゾファニーにこの名画を依頼した王妃は、トリブーナ・ギャラリーを描いて欲しかったのに、グランド・ツアーの旅行者が中心になっているのにいたく立腹し、ゾファニー失脚の原因になった。

当時二〇歳の第九代ウィンチルシー伯爵ジョージ・フィンチ（一七五二－一八二六）は、日課としてウフィツィ美術館へ見学に行っていた（一七七二年一二月から七三年にかけて滞在）。ある日、ゾファニーが『トリブーナ』を描いているところへ遭遇した。画家は、若者に「君を描くからこの絵の中に参加してくれ」とたのんだ。フィンチは「じゃあ、どこに入ったらいいの？」と興奮して問いかえした。クリケット球技の名人として知られたフィンチは、『メディチのヴィーナス』を見上げている五人の若者のもっとも手前に描かれた。口の悪いホレス・ウォルポールは、この絵に登場する若い連中は旅行者で、「誰が誰だかお互い知らないのだ」と笑っていた。ウォルポールの言葉は事実と少し異なる。たとえば、フィンチの横でヴィーナスを同じように見上げているのはトマス・ウィルバハム（一七五一－生）とジョージ・ウィルバハム（一七四三－一八二九）であり（一七七二年一二月から七三年二月一六日まで滞在）、フィンチの友人である。その横にいるワッツは一七七三年一月二日にフィレンツェに来ている。ダウティは一七七三年二月一四日にフィレンツェを発っている。この五人のフィレンツェ滞在期間からわかるように、身分のちがいこそあれ、友人同士なのである。

5　あるグランド・ツーリストの肖像

さて、今度はひとりの旅人に焦点を当てて、その人物を取り巻く環境を浮きあがらせてみよう。

のちに高名な古美術蒐集家、鑑定人になるウィリアム・ハミルトン（一七三〇－一八〇三）はグランド・ツアーに育まれ、多くの業績をのこし、同時代の文化形成に多大な寄与をしたグランド・ツーリストである。ここでその生涯と仕事を丹念にたどってみると、グランド・ツアーが実施されていた社会、時代がかなり明らかになってくるであろう。あまた群がるグランド・ツーリストのなかでもっとも異彩を放ち、文化的影響力を与えた人物で、美術蒐集家としての名をのこしたが、それ以上に歴史の一幕で彼を有名にしたのは絶世の美女エマとの出会いであった。だが、エマにまつわる悲喜劇はみごとに一大コレクションの古壺蒐集へ収斂されていくのである。

一七六一年、ハミルトンは、国王ジョージ三世の侍従に任命されたのを機会にナポリのイギリス特任全権大使という外交官への転身をはかった。ハミルトンの職務はスチュアート家のイタリアへの亡命者の監視が最大の任務であったため、余暇を存分に自分の趣味にそそぐことができた。蒐集した美術品によって美術館のようになったハミルトンの邸宅は、ナポリへ行けばかならず見学に訪れなければならない目的地にまでなったのである。逆にハミルトンの館があるがゆえにナポリを目指すグランド・ツーリストが増えていったほどであった。ハミルトンは転売するために古壺を集めているわけではなかった。古壺を通じて古代の歴史を考究しようというのが真の意図であった。だから蒐集した古壺を丹念に素描し、記録した。出土した墓の特徴も忘れずに記録したことは言うまでもない。こうしたハミルトンの考古学的態度は、いっそうコレクションの価値を高めていったのである。特別な美術品を陳列してある部屋を謙遜して「ガラクタ置き場」と卑称していたが、出入りする著名人はある意味で広告塔となり、そのコレクションを喧伝するようになっていったのである。

ハミルトンは凡庸《ぼんよう》なコレクターではなかった。ここにグランド・ツーリストとしての資質がもっともよくあらわれているのだが、古美術の克明な記録を書物にして出版したのである。『エトルリア、ギリシア、ローマの古美術』全四巻（1766－67）は、この分野で本文、図版、書誌解説ともに抜きん出ており、一八世紀でもっとも影響力を与えた文献のひとつに数えられる。この本が発した影響の波はヨーロッパ全土におよび、家具、陶器、壁紙、室内装飾にまで影響をあたえた。イギリス陶器産業の祖となったジョサイア・ウェッジウッドは、出版されたばかりの第一巻を購入するや、スタッフォードシャーで作陶をはじめ、玄武岩製の炻器《せっき》をつくりだし、「初めて日の目を見た古壺」として発表したのである。ウェッジウッドの制作した陶器はどれもハミルトンの文献から形状、図柄、色彩を採り入れたものである。そしてそのデザインは今日でも継承されている。

一七七一年八月、ハミルトン夫妻はイギリス本国へ一時帰国する。目的は自分の古壺コレクションを売却することにあった。出版の費用がかさみ、到底払いきれなかったのである。コレクションは、国会の議決を得てブリティッシュ・ミュージアムに八四〇〇ポンドで納入された。今日でもブリティッシュ・ミュージアムの至宝のひとつに数えられている。この栄によりハミルトンは古美術協会の会員にむかえられた。

古壺に描かれた陶器画はハミルトンによって初めて光をあてられたといってよい。そしてその見解は、ギリシア美術の一大権威であったヨハン・ヨアヒム・ヴィンケルマンによって支持されたのである。その『古代美術史』(1764)のなかで、ギリシア陶器画はその質においてラファエロのデッサンに相当するとまで賛辞を呈されていたのだった。

何度かのコレクション売却にみられるように、ハミルトンの購入資金はそれほど潤沢ではなかった。ナポリ大使として得た一日五ポンドの経費では押し寄せる客にまともな歓待を施すなどどだい無理であった。こうした資金不足が次第にハミルトンを蝕むようになっていった。蒐集した美術品を投資の対象としてみなすようになったのである。「美術商扱いだけは真っ平だ」(一七九〇年九月二一日)と甥に愚痴をこぼしながらも、蒐集癖はとどまるところをしらない。友人のホレス・ウォルポールは、ハミルトンがナポリ大使として赴任する一報を耳にして、「やつは絵画に目がないから、美術愛好者が群がるあの地で身を滅ぼしてしまうにちがいない」と、皮肉めいた一言をつぶやいたが、その言葉は正鵠《せいこく》を射ていたのであった。一七七七年、ハミルトンはグランド・ツアー経験者で組織する「ディレッタント協会」の会員として推挙された。有名なレノルズの描いたクラブ会員の絵の中でハミルトンは中央に鎮座して、得意の絶頂であるかのようである。

ここでハミルトンのもうひとつの側面に注意を向けておこう。

一八世紀のグランド・ツーリストの多くがそうであったように、ハミルトンもまた科学、とりわけ地質学に関心をいだいていた。当然、目の前で活発に噴煙をあげているヴェスヴィウス火山に目がいかないわけがない。「火山研究に熱中している」(一七七八年三月三日)と甥に胸をはずませて報告しているが、化学実験器具から電気関係の用具まで購入していた。当時、火山活動は大気電気と関係があると考えられていたため、ベンジャミン・フランクリンが用いた最新の発案品まで手もとにそろえていたのである。

ヴェスヴィウス火山は一七六七年、一七七九年、一七九四年と大噴火をくりかえしたが、ハミルトンはそのつど詳細な記録をとどめている。[図7]一九四四年以来、今日ではこの火山は休火山になっているが、一八世紀の噴火は画家、科学者、観光客の好奇心をすべて惹きつけたのであった。ローマに滞在していた何百人もの旅行者は噴火近しとの一報を受けると、ナポリに向けていそいで集結したという。荒れ狂ったこの火山は、かつてヘルクラネウムとポンペイの都市を呑みこんでしまった。二都市は一八世紀初頭まで埋もれたままで、一

図7　ヴェスヴィウス火山（ハミルトン描）

七三八年と四八年に本格的な発掘が開始されたばかりであった。なかでも一七六三年のポンペイ発掘はこれまでの古代観を一変せしめるほどの一大事件であった。繁栄を極めた都市の様子がその日常生活とともに出土し、古代ローマの生活を再現してみせたからである。発掘は古代へ人々の意識をかり立てたばかりでなく、現在と過去を結ぶ一本の糸となったのであった。

ハミルトンはヴェスヴィウス火山の観察によってなしえた地質学上の貢献によって一七六六年、王立協会の会員に選出された。六五回以上、ヴェスヴィウス火山に登りつづけたハミルトンは、地元の古僧アントニオ・ピアジオを雇い、日々の活動記録をとらせた。一七七九年から九四年までの火山記録を収録した八巻からなる日誌はロンドンの王立協会に保存されている。その『カンピ・フレグレイ、両シチリア王国の火山についての考察』（1776－79）は、一七七九年の大噴火の記録も詳細に伝える第一級資料となっている。ハミルトンは、望遠鏡と温度計を用いて、まずフィールド調査からはじめ、岩、土、砂を採集し、地元の古老から情報をあつめ、発見した事物を記録、素描するといった、イギリス経験主義をまさに体現した科学者の一面をそなえていたのである。

一七八二年八月二五日、妻キャサリンが発疹チフスで亡くなった。この哀しみをふりはらおうとしてイタリア半島南西端のカラブリア、シチリア島のメッシナへの旅を思い立つ。この地では地震がおそい、四万の人々が犠牲になっていた。地殻変動から生じた地震についての論考は、ただちに王立協会に送られ、ハミルトンの書いたもっとも優れた論文と評価されたのであった。だが、ロンドンでハミルトン自身にも激震がおそってくるなどとは知る由もなかった。

ナポリを発ち、ドレスデンを経由してロンドンへ帰り（一七八三年八月）、甥グレヴィールを訪ねてみるとひとりの麗しい若き女性がいた。エマ・ハートと名のったが、明らかにグレヴィールの愛人であるようだ。美しさに心を奪われたハミルトンは何度も甥の家に通いエマの虜になってしまう。美しい容姿をとどめようとして、のちに王立美術学校の初代校長となるジョシュア・レノルズやジョージ・ロムニーに肖像画を依頼している。甥はエマを放り出して、裕福な貴族の女性を妻にする腹づもりであった。グレヴィールがスコットランドに行っている間に、ハミルトンは、エマをナポリの別荘へ招待した。まだグレヴィールと結婚するつもりでいたエマは、短期間滞在の予定でナポリに到着した（一七八六年四月二六日）。だから母親も同行してきたのである。

グレヴィールはまったく悪びれた様子もなく、「現代の美術品」（一七八五年五月、ハミルトン宛手紙）として、ハミルトンにエマを「贈呈」したのであった。エマの魅力にとりつかれたハミルトンは、「もうグレヴィールはもどって来ない」と告げ、エマを自宅におき、ナポリ社交界の人々や旅行者に、このギリシア古壺から抜け出てきたような女性を紹介したのであった。古代の衣裳をまとったエマは、ハミルトンが求めるままに踊り、絵画や彫刻に描かれた人物のポーズをとってみせた。［図8］同じ邸宅のなかで世間の目をはばかるため別々の家に住んでいたが、ナポリの社交界ではふたりは密かに結婚しているのだ、とささやかれだした。ハミルトンにしてみれば、その「最高の美術品」が賞賛されるのはけっして悪い気はしなかった。これまでに手に入れた最高傑作だったのだから。

図8　ポーズをとるエマ

ハミルトンとエマが享楽の日々をおくっている頃、当地を訪れたゲーテはさすがに鋭い観察を下している。

ハミルトンは今もイギリス大使としてこのナポリに在住だが、芸術と自然研究を重ねた末、その最たる歓びとしてひとりの美しい少女を見つけた。……二〇歳くらいであろうか、イギリス女性で非常に美しくみごとなプロポーションである。ハミルトンは衣裳をギリシア風につくらせたが、じつによく似合う。髪を解いて、ポーズ、身ぶり、顔つきを変えて見せられると、見ているものはつい夢心地に誘われてしまう。

ゲーテはエマのしぐさを見て、「あまたの芸術家が成就したいと希求していたものが、彼女のなかで、動きと驚くべき変化のうちに完成されている」のに感嘆する。立ったと思えば、ひざまずき、横になったり身体を変化させたり、いたずらっぽい表情をうかべると同時に、悔悟にくれる暗い表情になり、そうかと思うとたちまち笑いころげ、誘うような仕草をしてみせる。エマはその時の表情に応じて、ヴェールの襞《ひだ》をつくり変化をつける。ハミルトンは踊る美神を灯で照らし、すべてを忘れて見つめつづけ、「古代の作品、シチリアの貨幣に刻まれた美しい顔どころかベルヴェデーレのアポロン」までエマのなかに見出しているのである、とその旅日記にはつづられている。

ただゲーテはハミルトン家のこうした快楽に満ちた生活をひとつの「危機」としてとらえている――「ローマにいると勉強したくなるが、このナポリではひたすら生きたい。自分も世の中もすり抜けてしまうばかりだ。享楽ばかりにひたろうとする人間と交際していると、いわく言いがたい奇妙な気分にとらわれてしまう」。

やがてハミルトンとエマは、めでたくロンドンで結婚する（一七九一年九月六日）。還暦をむかえた初老の男性は三〇歳以上年下の女性と結婚したわけだが、「ハミルトンは彫像と結婚したのだ」と悪態をついてみせたホレス・ウォルポールの言葉は、世間の評判を代弁していた。

下層階級の出身で、いかがわしい噂のたえなかった新妻は、公式の席に出席もできなければ、大使夫人と呼ばれることもなかった。余りにもみじめに思ったハミルトンはエマをパリにつれて行き、マリー・アントワネットに謁見する機会をもうけた。この縁で、ナポリにもどってからマリア・キャロライン王妃をはじめとする王室の人々と会談できるようになったのであった。

ナポリでのハミルトンの晩年は激動の波にさらされる。ナポレオンを撃破して、ナイルの海戦で国民的英雄になったネルソンがふたりの前に現れたのである。ネルソンは伝説のような英雄ではなく、片目片腕の小男で食事すらまともに自分でとれない。エマはいつも横に座し、皿の肉を細かく切り分け、口まで運んでやった。北国の厳格な牧師の家で育ち、海軍に半生をささげ、歴戦をくぐり抜けてきたイギリス海軍の将もエマのもとに屈してしまったのである。ナポリの太陽がその理性を狂わせたのか、ふたりの仲は急速に進展していく。

では、夫のハミルトンはどうしていたのか？　不思議な沈黙で局面を打開していこうとし

図9　エマを鑑定するハミルトン

た。あれほどの記録魔が目の前にくりひろげられる現状にたいし、あえて見て見ぬふりをしたのである。世人からの非難をかわすため、ふたりを保護し、自分も静かな余生をおくろうとしたので、いとも不可思議な関係が生まれた。ハミルトンが受勲したバース勲章の銘「三つが一つ」をもじって「三人で一組」という関係を持続したのである。エマはあくまでもハミルトンの貞淑な妻であり、ネルソンとは男のかたい友情で結ばれているというわけだ。

当代一の諷刺画家ジェームズ・ギルレイの描いた諷刺画は、ハミルトン、ネルソン、エマの三者関係を一瞬にしてとらえるような構図になっている。「古美術の美しさを愚痴る鑑定家」というタイトルをもつカリカチュアは、芸術にたいして目利きであるのに、小娘に恋をして分別をうしない「史上もっとも有名な寝取られた男」に成り下がってしまったハミルトンを中心に配して、ほかの二人を彫像や絵画によって表現している。［図9］

ハミルトンが眼鏡を裏がえし、焦点をあわせながらのぞき込んでいる像は「ライス」で、彼女はギリシア神話に登場する美しい情婦である。その昔、ギリシアにはライスとよばれたふたりの有名な情婦がいたが、そのいずれもが美貌で有名であった。ひとりは紀元前四二〇年ごろ、コリントスにいた情婦で「もっとも美しい」女性とあがめられ、もうひとりはティマンドラの娘で、「その美しさ」に嫉妬した女性の短剣で刺殺されたという。ハミルトンに言わせれば、「エトルリアの古陶器の美しい線を体現している女性はエマをおいていな」かったらしいが、このライスの顔面は欠けてしまっている。「こんなはずでは……」というハミルトンの嘆きが聞こえてくるようだ。

ライスのうしろに置かれているのが「アピス」である。エジプト神話にでてくる聖なる牛だが、ギリシア神話では牛神セラピスになり、太陽の光をもたらす神となる。ギルレイの意図する寓意は、アピスが発する光も、アピス自身にはとどかず、正体を明らかにできないということか。絵の右端の立像は「ミダス」で、手にふれるもの一切を黄金に変えてしまう。さすがのミダスも腕を交差させ、ライスを金像に変えることはできなかったようだ。

壁面に掲げられている四枚の絵画も意味深長である。右から二番目の絵は火山ヴェスヴィウスを描いており、言うまでもなくハミルトンの研究対象である。ところがその左側に二枚の絵があるが、「クレオパトラ」（左端）と「アントニウス」の絵である。クレオパトラは絶世の美貌をもち権力欲にもえた女性として有名であるが、カエサルを動かしその愛妾となり、エジプトの王位を回復した。カエサルが暗殺された後、アウグストゥスとアントニウスの間でアクティウムの海戦が起き、アントニウスはクレオパトラ死すという誤報を信じて自刃してしまう。クレオパトラはアウグストゥスを籠絡《ろうらく》しようとして、かえって術策におち毒蛇にかませて自殺する。クレオパトラにエマを、アントニウスにネルソンを重ねているのは明白であろう。

右端の「クロディウス」は共和政ローマ末期の政治家。カエサルの妻ポンペイアと情を通じ、カエサル邸の祭祀に女装して参加しようとしたが発覚して訴えられた。キケロを追放することに成功したが、敵対者ポンペイウスの部下の手で暗殺された。考えてみると、クロディウスはハミルトン自身をあらわしているのか。クロディウスの老醜ただよう哀れなすがたに比べ、火山ヴェスヴィウスは雄大に煙をあげている。老眼のしょぼつく目をこらして、口もとがそげてしまっているライスの像を必死になって凝視するハミルトンの目には、何がうつっていたのであろうか。同時代の美術愛好家がたどった運命を美術品に託して巧みに描いた諷刺画であるが、発表された当時すでに三人の関係は一大スキャンダルになっていた。

事態のなりゆきは三人の予想を上まわっていた。エマが子供を身ごもったのである。むろん、ネルソンの子供だが、「三人で一組」という関係にほころびが入り、修復不可能になってしまう。世間も、推測の域を出ないなどという態度はもはやとらなかった。ハミルトンの社会的信用は一気にくずれてしまった。国王、王妃もハミルトンをうとんじるようになり、連日、雑誌、新聞はこのゴシップを満載し、三人を諷刺したカリカチュアが飛ぶように売れたのであった。

エマは双子を生んだが、一人はすぐに亡くなってしまう。生き残ったひとりにホレーシアという名前をつける。ネルソンと似た名前である。ネルソンはトラファルガー海戦（一八〇五年一〇月）の前、ロンドンの南に土地つきの邸宅を購入し、これをエマに遺贈すると決め、ホレーシアの名前で八〇〇〇ポンドの信託預金をして、この利子で母子が暮らせるようにし、旗艦ヴィクトリア号の船上で壮烈な最期をとげたのであった。臨終のとき、ネルソンが発した「神よ、自分の義務を果たしました」という今際《いまわ》の一言は、英国民にあてた海軍の将の言葉ではなく、残された不憫な子供への父親としての愛情ではなかったのか。

ハミルトンは、一八〇三年四月六日、エマとネルソンに看取られながら息をひきとった。邸宅、土地を甥グレヴィールに、エマには八〇〇ポンドと毎年八〇〇ポンドの年金を、そしてネルソンにはエマの肖像画を遺贈するとあった。エマを譲ってくれたら財産を譲る、という当初のグレヴィールとの約束を守ったわけである。

一方、ネルソンは死の直前に、「レディ・エマ・ハミルトンを国王、そして英国へ遺していきたい」と渾身の力をこめて願ったが、国王は一顧だにしなかった。最終的には二〇〇〇ポンドと年金五〇〇ポンドがネルソンからエマへ遺贈されたが、乱脈をきわめ放恣に流れたエマの私生活はもどることもなく、多くの人々から保護の手が差し伸べられたが、時すでに遅かった。ついに一八一三年、ふくれあがった借金のため、サザーク債務者刑務所に収監されてしまう。国王にたいしてネルソンの武勲と自分がナポリで果たした外交上の役割を強調し切々と哀訴したが、まったくかなえられなかった。ネルソンの弟からいくばくかの金子《きんす》を借り、フランスのカレーに流れていった。その地で廃残の身を横たえるだけであった。「何事にも興味を示さず、ただ過去の不運を愚痴るばかりであった」とは、残されたホレーシアの述懐である。一八一五年一月一五日、肝臓病により息を引き取ったが、近くの教会からは信仰を理由に埋葬すら拒まれたのであった。

一四歳になる遺児ホレーシアはイギリスへもどされ、ネルソンの親族の手で養育された。彼女は自分の父がネルソンであると知っていたが、エマが母であることを生涯認めようとはしなかった。認めようとしなかったのは、同性として許すことができなかったのか、はたまた親友ハミルトンを裏切った卑劣漢に愛する父をおとしめたくなかったのか、いずれであるかわからない。レディ・エマ・ハミルトンという名前は今日では美しいイングリッシュ・ローズの一品種として伝わっている。もっともその花には虫がつきやすいという。

6　旅文化を支える精神的支柱

古典と趣味の涵養

さてここで、旅の原動力ともなった教養と趣味の問題を見ておこう。ルネサンスの人文主義者たちは精神のよりどころを古典文学に求めた。伝統精神を継承するイギリスの教養の根底にも古典がひかえていた。古典を中心にしたこの教養主義がもっとも光をはなつのが一八世紀中期であった。古典は生きる指針をあたえる原理になったわけである。この原理から構成されたのが「趣味」であった。支配階層は古典の教養を身につけ、教養ある人士であることを求められた。こうして身にそなわった教養を形にしたのがカントリー・ハウスや庭園であったわけだ。趣味を体現した美術愛好家（ディレッタント）、古美術蒐集家（ヴァーチュオソ）は、とりわけ重要な存在となったのである。貴族たちが古美術や書籍を蒐集し、自らの優位性を誇示しようとしたのもこの精神の発露にほかならない。

「趣味」という言葉がこれほど深い意味をになった時代はない。「あの人には趣味がない」という評語は、無趣味であるのを指すのではなく教養のなさを明示する表現であった。哲学者であった第三代シャフツベリー伯（一六七一－一七一三）は、美を表すものとして、柱面に縦溝があり、柱頭の両側に渦巻形がついているイオニア式建築と、ギリシア、ラテン文学の精髄をもってその極北とした。そして、趣味の最下位として、ゴシック建築、オランダ絵画、イタリアの笑劇、インド音楽をあげている。教養を高めるために前者の趣味をかぎりなく追究していったわけである。この文脈のなかで言えば、政敵ロバート・ウォルポールのハウトン邸を、オックスフォード伯が「美しくもなければ壮麗でもない」と評したのは最大の侮辱になったわけである（一七二二）。

古典の教養がもっとも具体的に強く押し出されたのが庭園である。いやしくも庭について論評するものは古典的素養をそなえていなければならなかった。『庭園事典』（1731）を著したフィリップ・ミラーはその序文で、ギリシア、ラテン文学に通じ、ギリシア、ローマの庭園こそ範にすべきであると、くりかえし読者に注意をうながしている。

一七二〇年以後、大規模な庭園は古典様式の館や神話の英雄、伝説上の人物、古代の神々などの彫像でいろどられるようになる。大衆にはとても理解できない寓意がこめられていた。その形式、形態、秩序が、教養につつまれたメッセージを発していたのである。イタリア一六世紀の建築パラディオ様式とルネサンス建築が支持されたが、両者ともにグランド・ツアーに涵養されたものであった。

グランド・ツアーは一六〇〇年代から一八〇〇年代までイギリス貴族のあいだに流行した教養旅行で、古代の智者が住んだ地で芸術と歴史にふれようという意図があった。だが、一八世紀に入るとその性格にいささか個人的嗜好が反映するようになってきた。一七二〇年代には社会への通過儀礼として考えられるようになり、教養を完成させるひとつの区切りとして認知されるようになった。制度化されたグランド・ツアーは、社会的体験をつめばそれでよいとみなされるようになり、当初の厳格な教養主義はいくぶんか後退したようである。

とはいえ、このグランド・ツアーの体験こそがイギリス人の感性の形成、変遷をうながす無視できない要因になった。イタリアの地でふれた古代文化を故国でも再現しようと考えたのである。イギリス中にパラディオ様式のカントリー・ハウスが建てられ、クロード・ロランの絵を模したような庭には神殿まがいの建造物や古代ギリシアの聖堂が所狭しと乱立するようになっていった。

グランド・ツアーに行った貴族の子弟にかならずしも教養を身につけようとするかたい覚悟があったわけではない。親の手から放れ解放された若者が友人同士つどい、束縛のない気ままな生活を楽しむのも不自然ではない。放恣《ほうし》に流れた生活をおくる若者もいただろうが、例外なく強い信念をいだいていた。自分たちの故国イギリスはどの国よりもすぐれているという信念を。そしてこの矜持を確認する機会がグランド・ツアーであったわけだ。とりわけ英知の結晶ともいえる庭園にたいしては絶大な自信があった。だからイタリアからイタリア人の庭師、造園家をイギリスへ連れ帰ろうとはしなかったのである。逆に庭園文化をはぐくんだ偉大な造園家、たとえばブリッジマン、スウィッツァ、シェンストーン、ブラウン、リプトンなどはグランド・ツアーに出かけていない。庭師という身分ゆえ、経済的に行けなかったのではない。行く必要がなかったのである。

グランド・ツアーで修得した古典主義は教養生活のなかに組み込まれ、支配階級の富と権力の証しとなり、貴族としての優位性を誇示するためには屹立したカントリー・ハウスと雄大な庭園を必要としたのであった。

見わたすかぎり自然と一体化した風景式庭園は、一七世紀イタリアからの風景画が創造的霊感をあたえたといわれている。一七世紀ローマで絵筆をふるっていたクロード・ロラン（一六〇〇－八二）、ニコラ・プッサン（一五九四－一六六五）、サルヴァトール・ローザ（一六一五－七三）などの画家は、理想とする牧歌的なアルカディアの風景、古代の神話から想をえた作品を多く描いた。なかでもクロード・ロランの人気は貴族のあいだでは高く、理想郷アルカディアの牧歌性が古典主義の相乗効果をえて、自分のカントリー・ハウスのなかでクロード・ロランの絵のような風景をつくりたいと多くが願ったのである。グランド・ツアーがもっとも盛んになりだす一七二〇年代にはこの画家たちは亡くなってかなりの年月がたっていたが、この作風にならって、つまりクロード・ロランやニコラ・プッサンの世界を三次元に立体化させようという欲望にこぞって取りつかれたのであった。たとえば、ピクチャレスク美を忠実に反映させたイギリス式庭園、つまり風景式庭園の初期の傑作として有名なスタウヘッド庭園はクロード・ロランの絵画なくしてはありえなかった。

この庭園はヘンリー・ホーア二世（一七〇五－八五）が建造した。一七二六年、亡父から広大な敷地を遺贈されたホーア二世は、同世代の若者と同じように狩猟と酒の日々をおくる典型的なジェントリーであった。だがグランド・ツアーが人生を一変させた。怠惰な生活を止め、古典の研究にいそしむようになり、絵画を蒐集しはじめたのである。銀行事業も順調にいっていたとき、二人目の妻を亡くす。一七四一年以後、ホーア二世は一心不乱に庭造りに献身していくのである。庭師にヘンリ・フリットクロフトを雇い、フローラ神殿（一七四五）、アポロ神殿（一七六五）を次々建造し、パンテオンまで建ててしまう（一七五三－五四）。人工湖もつくったその庭はまさにクロード・ロランの傑作の再現であった。そしてホーア二世自身、この庭を「プッサンの絵のように美しい」とよく口にしたという。

だが、風景画が一瞬にして風景式庭園をつくりだす霊感を与えたというのはいささか極論であろう。実情は少々異なるようだ。グランド・ツアーに出た貴族の若者は思い出の品を求めなければならなかった。故国にいる父親への土産、自分自身の思い出のために、理由はそれぞれあったろう。とはいえ、著名な画家の作品は購入できなかった。当時からとてつもない高額な価格がつけられていた。しかも財力があっても名の知れた絵画、彫像はイタリアから持ち出すことができなかった。イタリア政府の許可がおりなかったのだ。そうした大多数のグランド・ツーリストの需要をみたしたのが、古代ローマやギリシアに題材をとった一七世紀の風景画家の作品であった。何よりも価格が妥当であった。

もしくは現地の画家に名画を模写してもらうようにした。この場合は風景画よりも宗教画の方に人気があったようだ。ローマ在住の新古典主義の画家グィド・レーニの（ロスピリョージ宮の壁画）『オーロラ』はこの時代にもっとも多く模写された作品として知られている。

平均的なグランド・ツーリストがグランド・ツアーで体験したことと、イギリス本国に帰国してからした営為にはそれほどの一貫性、直接的な関係は認められない。だが、ごく少数の教養人はちがっていた。そうした人々は帰国して政治家や学者として功をなした。たとえば、初代レスター伯トマス・ウィリアム・クック（一七五四―一八四二）のグランド・ツアーをみてみよう。

グランド・ツアーと庭園

クックはイートン校を卒業したあと、ナポリ、フィレンツェ、ヴェネツィアをまわりローマに一七七一年から七四年まで滞在した。きわだった容貌は、ポンペオ・バトーニの肖像画になったほどである（一七七四）。帰国後、結婚し、典型的な保守支持派のジェントリーになる。自由主義の基礎をつくった政治家チャールズ・ジェームズ・フォックス（一七四九―一八〇六）の熱烈な支持者であったが、国会ではあまり発言しなかった。ただ口角泡をとばすときがあった。それは農業問題が審議されるときであった。土地、農業政策にかなりの不満を抱いていたのも事実である。そもそも政治などには関心がなかったといってよい。「イギリスにこの身をささげようと思ってはいたが、あまり気が進まなかった。私自身、雄弁でないので政治家など真っ平だ」と公言してはばからなかった。

政界を引退してノーフォークに戻ったクックは、三万エーカーの土地を相続し、借地料だけで一七八〇年には一万三一一八ポンドの収入があったほどである。マッシュ・ブレティンガム設計のホウカム邸は、一七六五年に完成し、大庭園も併設した。この庭園の眺望を得るためだけに、小作人に対してきびしい囲い込みを強い、土地改良を重ねて穀物の生産をあげるように命じた。水準以上の農法を駆使したため、クックの庭園を見学に訪れるものはあとをたたなかった。羊毛の刈り取りが最大の呼び物で、農業暦のハイライトになった。

クックは、たしかにグランド・ツアーに行き、教養も深かった。さらに財力にも恵まれていた。貴族の称号を授かった新興の財産家であったわけだ。だから「趣味」に裏づけされた庭や館を必要とし、それらが社会的体面として機能したのである。

ここでまず風景式庭園につきまとう誤解を退けておこう。つまり風景式庭園はすべて精神的な産物であるという見方に疑問を呈しておきたいのである。風景式庭園の建造は美意識よりも実利的な面が大きかったゆえに整形庭園からイギリス独自の庭園が生まれた側面もあるのだ。じっさいジェントリーは広大な土地を維持していくのに膨大な出費を強いられたし、古典的な幾何学式庭園はあまりにも費用がかさんだため、ありのままの自然を大きくとりいれた風景式庭園を是認した側面は否定できない。じじつ、これが現実に即した方法なのである。ただ庭園史から見ると、様式の変遷に力点がおかれるため、このような現実的な面が切り捨てられてしまう。風景式庭園においては庭園と農作地・牧畜地をいかに融合して見せるかが、造園家の苦心であり、力量となったわけで、ここに理論派と実践派の論争も起きたのである。庭園史はこうした文脈を、感性に力点を置く美意識の言語で説明していくため、現実の葛藤は捨象されてしまうのだ。曲がりくねった老木や巨岩をどこに配置するかといった趣味の問題と、飼育している牛から屋敷の改築費をどれくらい捻出できるのかという現実的な問題が風景式庭園のなかでせめぎ合っていた。庭園巡りが盛んに行なわれたが、全員が審美家ではなかったのである。屋敷経営に資する面を貪欲に学ぼうとする視線の方がはるかに強かったといえるだろう。ヴィクトリア朝時代になると風景式庭園から穫れたどれくらいの果物が食卓にもたらされていたであろうか。

7 旅の地下水脈——アルカディアの伝統

理想郷アルカディア

ここでイギリス人旅行者の精神的支柱となった〈アルカディア〉の意義と伝統を問い、後の章への旅路の準備としたい。

そもそもアルカディアとはギリシアのペロポネソス半島中央に位置する山岳地帯の名称である。北はアカイア、西はエリス、東はアルゴリスそして南はラコニアとメッセニアに接していて、アルフェイオス川が流れ、支流も多く分岐している。流域はやや肥沃だが国土全体がほぼ山で占められ、牧畜が主力であり、アルカディア人は羊飼いが多く、音楽が好きで、牧神パンを地神として崇めている。オークを切り出すため、アルカディアの人々は古来ドリモティス（オークが茂る平原）とも呼ばれてきた。そして太古の昔よりこの地に暮らしているため、大地より生まれ出で、月よりも古くから存在していることを誇りにしていた。

テオクリトスやギリシアの田園を歌った詩人たちは、アルカディアよりもシチリアをブコリクス（牛飼い）の地として崇めた。アルカディアの地に自分たちの歌のテーマをおいたのはオウィディウスとウェルギリウスであり、その作品のなかでアルカディアを、いまやついえた黄金時代に無垢な牧人が住む夢幻郷としてつくりだしたのである。［図10］とりわけウェルギリウスにあっては地図上にある現実の国というより心のなかにある国そのものであった。その『牧歌』はアルカディアをつむぎだし、西欧文化を縦断して今日に至る生きる伝統にまでなった。短詩ばかりを集めた片々《へんぺん》たる詩集が言葉の力を最大限に起爆させる魔法をひめていて、古典の名をほしいままにした。それゆえ中世最大の詩人ダンテがウェルギリウスを「愛情ある父」「偉大なる指導者」「至上の徳」「あらゆる叡智にあふれた海」、そして形容詞を一切つけずに「詩人」と呼んだ事実のみをここにあげておこう。

図10　『牧歌』に歌われたアルカディア（ブレイク描）

　後世のラテン詩人たちがこのアルカディアを想像のおもむくままにローマの外部へ特定した。たとえばボッカチョはトスカーナのコルドヴァ近くに、メディチ家につかえる宮廷詩人はフィエゾーレに、また詩人タッソーにとっては、文化の重圧にひしがれた近代イタリアに対置すべき場はすべてアルカディアへと化していった。

詩人フィリップ・シドニーの『アルカディア』（1590）のなかでは、アルカディアはギリシアにあり、エリザベス朝の宮廷詩人たちはアスラエアを象徴する多様な女王そのものであった。王冠に近づくと黄金時代にもどれるといわれたのである。この例からわかるように、イギリスではアルカディアは国家権力を高揚した時代と密接にからんでいた。

一七世紀、ウェルギリウスの伝統を継承したローマの画家たちがアルカディアを視覚化してみせ、その性格に具体性を与えた。クロード・ロランの初期作品には羊飼い、羊、家畜が登場する。テオクリトスがダフニスの死をうたって以来の人間のはかなさ、人生の無常を嘆く傾向は、ニコラ・プッサンのもっとも有名な『アルカディアの牧人たち』（1638－40）のなかに描かれた墓石に、幸福のさなかでも死が訪れることを明示したのである。その絵のなかで羊飼いの指がたどる墓碑銘の字は「死」であり、髑髏《どくろ》を形象化してみせる寓意にもなっている。まだ死に汚されていない羊飼いたちは一様に驚く。この墓石にみられるように風景のなかに描かれた建造物は、文明そのものを具象化していて、死が音もたてずにしのびより、年月の侵食をこばみつづけてきた建物へも、その魔の手をゆるめることがないというわけである。一七八六年から八八年にかけてイタリアへ旅行したゲーテは旅の途中、朽ちたローマの遺跡を目の前にしてみずからの疎外感を「われ、かつてアルカディアにありき」との一句で語った。ゲーテはイタリアの古典画家が描いたアルカディアに象徴されていた幸福が自分の目の前にはすでに消失して、もはや存在しないことを悟ったのである。グランド・ツーリストもゲーテと同じような視線を投げかけていたにちがいない。旅とは人生の異名であるのだから。

アルカディアの変奏――ポープの牧歌

一八世紀には詩はもっとも偉大な言葉であった。今日では考えられないが、法律や政治の議論にまで詩が用いられ有力な伝達手段であった。同時代を代表する詩人は古典主義を標榜するアレグザンダー・ポープ（一六八八－一七四四）である。グランド・ツアーにこそ行かなかったが、ポープはロンドン郊外トゥイッケナムに庭園をつくり思索をした点でもまさにこの時代を反映した詩人であるといえよう。［図11］

ここではウェルギリウスの『牧歌』がどのようなかたちで、イギリスの詩歌のなかへ受容されていったかを、ポープの詩から具体例をあげて検討してみよう。それはアルカディアがどのように受容されているかをも示すであろう。

　羊の群れが夜露をはらうと
　恋と詩神のため眠りにつけなかった若者は

図11　ポープの館と庭園（ターナー画）

白みゆく渓谷に羊を追う
朝日のなか羊は春のように輝いている

これはポープがわずか一六歳のときに書いた『牧歌』の一節であるが、その早熟の才能を美しい朝の描写に求め賞賛するのも、また型にはまった表現であると非難するのも誤りである。この詩篇をもって同時代の人々から詩人としての将来を嘱望されたのは牧歌の形式にのっとって詩が書かれているからである。各行すべてが、ウェルギリウス、ウェークフィールド、コングリーヴ、ドライデンなどの詩行を典拠をもつ。ギリシア、ラテンの古典がイギリスに移入され、翻訳されて変奏された詩句をみごとに活性化している「離れ業」に人々は感嘆したのである。いみじくも夏目漱石は、ポープの牧歌を「……少時の作として第一に挙げて可《よ》からうと思ふ。『牧童歌』とあるから文字の表はす如く田舎の光景を描いたもので羊飼が恋を歌ふとか、唄のうたひ競《くら》をするとか云ふことが出て来る。みな問答体である。これは云ふまでもなくヴージル［ウェルギリウス］の『牧歌』から脱化したものである、脱化したと云はむよりは之を踏襲したものである」（『文学評論』）と評している。たしかにウェルギリウスを本歌取りしたところにこそ妙味があるのだ。

同じ『牧歌』の「秋」には――

愛よ、お前が異国の山で育ったのを知っている
狼が乳をふくませ、猛々しい虎が育てた
エトナの燃える腸からひきさかれ
突風に生みつけられ、雪のなかで生まれたのだ

と歌われているが、この第一行目はウェルギリウスの『牧歌』第八歌「ダモンとアルペシボエウス」の一節、

今では知っている、愛とは何かを
トマロスやロドペーの山々、アフリカの野蛮人が

岩のうえに愛を生んだのだ
兄弟でもなく、血も流れていないその子を

を踏まえていることはすぐに理解できる。少年ポープは先師ドライデンの『牧歌』翻訳を目にして、挑戦を楽しんでいるかのようである。ウェルギリウスの声が二重、三重に増幅されて新しい声を獲得する、その共鳴こそが重要なのである。

ポープは『牧歌』につけた「序文」のなかで、牧歌は詩の最古の形式で、その形式は劇、物語をもりこむのにじつに適切な形式で「寓話」そのものになる、と牧歌がはらむ可能性を強調している。詩人エドマンド・スペンサーの牧歌を模倣したと序文の終りで語っているが、明らかにテオクリトスとウェルギリウスの牧歌から多くを学んでいる。牧歌に伝統の遡《そ》源《げん》を求めグランド・ツーリストはイタリアへ旅立っていった。だから旅行者はかならずナポリ郊外のウェルギリウスの墓を詣《もう》でたのである。

産業革命下のアルカディア

太陽が輝くイタリアの空の下とはちがう現実が一八世紀イギリスにはあった。アルカディアが理想郷という特権的な地位を捨てて、現実と向き合えばどうなるであろうか。一八世紀末のロマン派を代表する詩人ワーズワスはアルカディアという想像上だけに存在する黄金の楽園ではなく、現実の羊飼いを描いてみせた。現実から退行した心象風景のなかにのみ生息する牧人ではなく、同時代に生きる羊飼いを描き、詩「マイケル」の副題に「牧歌」という名称を冠したとき、ワーズワスはウェルギリウス以来の牧歌の伝統に挑戦し、反転させてみせたのであった。

ワーズワスは北イングランドやスコットランドならばどこにでもいるような農夫マイケルの物語を五〇〇行足らずの詩に書いた。

マイケルはグラスミアの渓谷、深い森に住む羊飼いである。彼には二〇歳も年下の、いつも糸車をまわして家事をきりもりしている働き者の妻がいた。家族は老夫妻に犬二匹だけだった。ところが、「墓に片足をつっこむような老年」になった頃、ひとり息子のルークが生まれ、マイケルのわびしい生活に一条の光が差すところとなる。夕方から晩くまでともるランプの灯は、つつましい老夫婦の生活を示す「しるし」であったが、ルークはマイケルにとって「光」以上の存在だった。それは長年つれそった妻以上に愛をそそぐ対象であった。

だがマイケルの胸の内は、老いてから生まれた子が
いっそう可愛かった――
それはおそらくあの本能的な人情、
万人にやどる盲目的な熱情から

ほとばしりでた結果かもしれない
子供は自然の贈り物にもまさり
将来への希望となり
自然の成り行きとしてそうした願いが
達成されないときの不安を
かきたてるからかもしれない

年老いてからできた子供だからルークを溺愛するのではなく、「将来への希望」ゆえに愛すると父親はいう。ワーズワスはたんなる農民の生活をなぞらえようとしたのではなかった。たしかに子供にたいする父としての情愛もあるが、家庭に安泰をもたらす土地所有の問題が見えかくれしてくる。問題を先取りするまえにマイケルとルークの物語を追ってみよう。

マイケルはきびしい性格であったが、ルークを眼のとどくところにおいてたえず可愛がった。ルークは成長して羊番の仕事もこなすようになっていった。成長したルークはまさに「人生の慰め」であり「日々の希望」でもあった。このような幸福の絶頂のとき、不幸な一報がマイケルのもとに届く。思いがけない不運が甥に突然おそいかかったのだが、マイケルは甥の借金の保証人になっていた。当然、損失の補塡は老人にまわってくる。財産の半分を失うほど「たえがたい金額」であった。この借金を貧乏な羊飼いが返済する方法はただひとつ。先祖伝来の田畑を売却するしかない。七〇年以上も額に汗して、働き詰めだった日々をふりかえるとき、土地が人手にわたってしまうと考えるだけで夜も眠れなくなってしまう。どうしても土地だけは売れない、手放せない。

マイケルは損害を補塡するためにルークをロンドンへ働きに出す。雇い主に見込まれた少年が都会で商才を活かし、大金持ちになり、故郷に教会を建て、貧しい人々に土地や金を与えるほど出世する夢物語にルークの未来を重ね、その場のつらさを忘れようとした。息子が旅立つ前の日、父は心のたけをはきだすかのように話しかけた。お前が生まれたときどんなに祝福し、うれしかったか、言葉にならない声をはじめて耳にしたとき我を忘れてしまったこと、長じては「遊び友だち」になり、この山でいっしょにすごした歓びは忘れないと手を握った。自分の両親がそうであったようにすすんで「先祖の墓地へ身をうずめよう」としたとき、マイケルには険しい現実が立ちはだかった。

息子よ、人生は長かったが
何もこの人生から得なかった
畑はすでに抵当に入っていて
働きつづけても半分も

自分の土地にはならなかった

八四歳になる老人は息子と羊小屋を建てることを夢見ていた。羊小屋は先祖が営んでいた生活の証しであったのだ。哀切きわまる別れがくりひろげられ、ルークはロンドンへ旅立っていった。

ルークの勤勉な仕事ぶりをたたえる手紙が両親のもとへきた頃、別れのつらさも忘れ日々の仕事にマイケルは精を出していた。ところが、都会の悪にそまってしまったルークに「不名誉な屈辱きわまる噂」がたつ。最後には外国へ逃亡するようなすさんだ生活をルークはおくるようになった。

羊小屋を七年もかけて建てようとしたマイケルはついに力つき亡くなる。その三年後、妻のイザベルもあとを追う。直後、土地は売却され家も畑になり、戸口に生えていたブナの木だけが一本のこっていた——

そして建てかけの羊小屋は
グリーンヘッド渓谷を流れる川のほとりに
今でも見ることができる

マイケルのこだわった土地は、農夫と土地の関係を考えると愛する息子以上に手元にとどめておきたいものであったのだろう。

　土地は生活をはぐくむ礎となる生産の場であると同時に、家族の心がやどる場であり、先祖とのつながりを記憶する場でもあったのである。現実の父子の絆以上に一族をつなぐ存在として作動する記憶のほうがよりマイケルにとっては重要なのである。おそらくその絆は目に見えないがゆえに、よりマイケルに力をもって迫ってきたのであろう——その不可視性ゆえに。［図12］

　ともあれ、ワーズワスが描いたアルカディアにはあの輝くような黄金時代もなければ、理想郷もない。詩人は現実と肉薄するためにあえて牧歌の伝統を援用して、その終息を見ようとしたのであろうか。というのも「マイケル」は、英詩の革命ともいえる『抒情歌謡集』（1798）に収録され、その主張はポープが駆使した古典的な詩語を捨て、人間の声の復権を目指していたからにほかならない。ワーズワスもグランド・ツアーを経験したひとりであったが、その目には勇壮なアルプスの連山とフランス革命下に抑圧されている人民の苦悩を同時に

図12　村を出る

焼きつけていたのである。

現代によみがえるアルカディア

さて一九九六年一〇月、イタリア、イギリス政府共催で、『グランド・ツアー——一八世紀イタリアの魅惑』と銘打った大規模な展覧会がロンドンのテート・ギャラリーで開かれた。グランド・ツアーを追体験してみる企画で、じつに有意義であったが、作成されたカタログの巻頭言の最後に、「イギリスはすべてに優っている、とイタリアから帰国した旅行者は確信した。……今日、学校でウェルギリウスをほとんど教えていないが、ナショナル・ギャラリーでラファエロを、大英博物館で古代ローマの良質な彫像を見学できる」と、いささか帝国主義的な文言が躍っていた。ウェルギリウスは、学校において必修科目ではなくなったが、その伝統精神である牧歌は、二〇〇〇年以上にわたりヨーロッパ文化の精神的な支柱になり、今日でも脈々と息づいているのである。

現代でも牧歌はそのアルカディアを子供のなかに求め、存続している。機械文明のなかで田園を子供のなかに見出したのである。

子供は汚れをしらず新鮮な自然であると同時に、個人にとって幼児期は無垢な時代というわけである。羊飼いである子供は、アルカディアという場所よりも時間の世界で生きはじめたわけだ。このふたつの側面が牧歌の一変形としての子供崇拝を枠組みとして機能し、現代文化のなかでひとつの表象としての位置をしめるようになっている。

牧人と子供の関係は現代になってはじめて指摘されたものではない。すでにテオクリトスの『牧歌』のなかで両者の関係についてある程度示唆されている。牧歌を小説のかたちではじめて扱った『ダフニスとクロエ』にもその関係の萌芽をみることができよう。いずれも共通するのは、もろくて崩れやすい内部とたえず攻撃をゆるめようとしない外部とのせめぎ合いがダイナミズムとして作用することだ。これが基本的な形態である。

批評家ウィリアム・エンプソンは牧歌のもつダイナミズムを、さまざまな文学ジャンルで機能している原動力とみなして、乞食オペラ、マーヴェルの「庭」、プロレタリアート文学などの作品を牧歌の視点から分析してみせてくれた（『牧歌の諸相』）。ルイス・キャロルの『不思議の国のアリス』『鏡の国のアリス』を論じた「牧童としての子供」のなかで、作者キャロルにとって「子供の独立性、遊離性」がもっとも「意味をもつこと」であり、「隔離した知性によって」はじめて「自己中心的情緒生活」がもてるというのである。エンプソンは「少女は人間のなかでもっとも性的な存在でなく」、「性をもっとも安全にしまっている存在」であるというキャロルの少女観がアリスの世界を構築していると指摘する。不思議の国はアルカディアであり、そのなかで遊ぶアリスが羊飼いというわけだ。

ヴィクトリア朝の童話だけではない。現代小説の多くは、子供時代の牧歌的環境を背景にして、主人公の「現在」を描きだそうとする。背景からはいつもやさしい微光がさしつづけるのである。アルカディアにも似た幼年時代は黄金時代なのだから。作品のなかでは主人公に現在とアルカディアの境界を意識させる場面が設定されている。たとえば成長にともなう性の要素である。幼年期と青年期を画する境界になり、主人公の通過儀礼の作用を果たすようになる。未経験の世界が主人公に立ちはだかるとき、無垢はいっそう強調される。J・D・サリンジャーの名作『ライ麦畑でつかまえて』の主人公を思い出せば十分であろう。つまり、肉感的世界はアルカディアの精神性とは相容れない異教の世界である。それゆえ、新しい世界を知った主人公の経験は、けだるい夏の陽につつまれるように描かれている。

じつはこのアルカディア回帰の現象こそ田園にたいする偏愛と通底していたのである。田園愛は幼年時代の思い出と結びついているがゆえに、強い郷愁となって胸に去来し、田園に生息する動物、樹木、花や草すべてがひとつの総体として記憶に焼きついているからである。田園がアルカディアと結びつくのは美しい風景に負うところが大きいが、それ以上に追憶に喚起力を宿しているからだ。そしてこれは一見、旅文化と何の脈絡もなさそうであるが、両者はもっとも強い紐帯で結ばれているのである。本書に登場するさまざまな旅人は、旅をして未知の土地へ、外国にせよ、国内にせよ、入っていく。そこでその土地で多くを経験し、何かを知る。だが、旅人は旅をした土地ではなく自分自身についてもっとも知ることになるのである。

第二章　風景の誕生　ピクチャレスク・ツアー

1　ピクチャレスク美の誕生

イギリス風景画の誕生

「風景式庭園」は、一八世紀イギリスが誇る文化の代表的存在といえるものである。非整形、不規則、非対称形で、起伏に富み、蛇行する川、小径、点在する樹木、邸宅の居住部分に行き着くまでしきつめられた芝生などを特徴とする。想い描いていただきたい。つまり、わざわざ自然の風景を模して庭園に採り入れているのである。この点で、それまでの整形された規則的な形式でレイアウトされている厳格な幾何学式庭園とはおのずと異なっている。

直線状ではなく曲線状に展開していく形状はイギリス美術にみられる特色でもある。たとえば一八世紀を代表する画家ウィリアム・ホガースは、とめどもなくさまよう曲線が美の基調であるとした。風景美と絵画美は期せずしてその精神において合致していたわけである。いや、ここで議論を先取りしてはなるまい。

政治家であり小説家のホレス・ウォルポールは、風景式庭園にいろどられた風景に対して「ピクチャレスクな様相」をたたえていると表現した。つまり風景は絵画を比喩として語られているのである。「地上のどの国にもないほど、このイギリスでは風景式庭園が確立している」という自負があったわけだ。実際、風景式庭園がイギリス国内に多く造園されてきたため、イギリスの風景に「喜ばしい」変容が生まれつつあった。隣地との境界をしめす壁、塀を取り除いた結果、人は移動していると、まるで絵画が次から次へと連続しているかのような気分におちいっていくのだ。

ウォルポールはさらに具体的に語りかけてくる。「クロード・ロランやサルヴァトール・ローザのような種子がわれわれイギリス人のなかにあるとするならば、その花を咲かさねばならないだろう」、「森、池、木立、渓谷、湿原などが詩人や画家の想像力に霊感を与えるのは、このイギリスであり、まさに時代は第二、第三のクロード・ロランやサルヴァトール・ローザを産みつづけているのである」。つまり、風景と絵画の関係が不可分であることを直截に指摘し、目の前に広がるこのイギリスの大地こそ、一幅の「キャンヴァス」であり、そのうえに「意匠をこらした風景」を展開させなければならない、とウォルポールは結論づけたのである（ウォルポール『近代造園史』［1780］）。

今、ウォルポールが高らかに宣言してみせた「絵画と風景の合一」は、なにもイギリス国内で自然発生的に起こったものではない。グランド・ツアーで涵養した美意識を自己のなかで育んでいく姿をとらえることができるのである。

イギリスからイタリアを目指したグランド・ツーリストたちは、田園の中心にあるローマ風の古典様式カントリー・ハウスに、古代ローマを描いた一七世紀の画家たちの絵を飾るためもちかえった。ここで「古典」「古代ローマ」という言葉に注目していただきたい。グランド・ツーリストたちがイタリアに求めたものは、教養の源であり、古典美術、古代ローマの面影であった。

フランス革命が起きたためにイタリアへの渡航を断念させられ、自国文化の源泉はその国家にあるとする、ロマン派の信条につきうごかされたイギリスの指導階層の人々は、アルカディアをイギリス国内へ誘導してきたのであった、しかもきわめて意識的に。湖水地方をテーマにした詩歌や絵画のなかに描かれた、つらなる山々、水ほとばしる渓谷、雄大なオークの森、点在する羊や家畜に、クロード・ロラン、サルヴァトール・ローザ、ニコラ・プッサンの牧歌風景を重ねてみたのであった。いや逆である。これらの絵画を下敷きにして風景を観察し観照にふけったのであった。このような操作を経て、イギリス人が求めてやまない地上の楽園、イギリスのアルカディアがよみがえってきたのであった。だから一七五〇年代に湖水地方におしかけた旅行者たちは、いずれも一七世紀のイタリアの風景画家、クロード・ロラン、サルヴァトール・ローザ、ニコラ・プッサンの影響下にあった。この画家たちの「眼」を通して湖水地方を見ていたのである。

いかに画家の「眼」をかりて現実の風景を見ていたかは、たとえば、作家ジョン・ブラウンがリットルトン卿に宛てた手紙の一文に認めることができるだろう。ブラウンはダヴデールとケジックの風景美を分析して、ダヴデールからは「畏怖」しか抽出できないが、ケジックは「美、畏怖、広漠さ」の三要素に還元できるとした。「この三要素を結合してケジックを再現するにはクロード・ロラン、サルヴァトール・ローザ、そしてニコラ・プッサンの力を合わせなければならない」という指摘は、いみじくもこのことを語っている。湖水地方の風景美を感得するためには、こうした風景画家たちの伝統に従わなければならなかった。これらの風景画家たちの作品を範としたのは、まだイギリスには風景画が存在していなかったためであり、逆にギリシア、ラテンの古典の素養を十二分にそなえていたため、伝統が描きこまれていたイタリア画家たちの作品に依拠するようになったのである。

ほぼ一七三〇年から一八三〇年にかけてグランド・ツアーとして先行していたイギリス人の旅は、やがて国内に向けられるようになる。国内のなかでもとりわけ、風光明媚な湖水地方が主な目的地であった。だからそれは、多分にグランド・ツアーの影響のもとに発展していったのは当然であった。グランド・ツアーで涵養された古典、古代に対する愛着を色濃く反映していたのである。かつて見た愛しいローマの古跡をもう一度とどめようと、パンテオンなどがいくつも再現されたが、古典の影響がもっとも顕著に現れたのは庭園であった。とはいえこれらの庭園を逆に古代ローマ人やギリシア人が見ても、その奇抜な変形ぶりに一驚を喫するだろう。かつての形式美をそなえた庭園が、まわりの木立や森と一体となって再現されているわけだから、人間の自然支配を示そうとする古代庭園の理想とはほど遠かったわけである。

ただここで注意しておかなければならないのは、ピクチャレスクは風景を直感で観賞するような見方では観賞できないということだ。ホラティウスやウェルギリウスの詩文、ニコラ・プッサン、クロード・ロランの絵画にもりこまれた寓意や暗示を即座に理解できる古典的造詣を前提としていたのである。つまりピクチャレスクという感性には深い文学的教養と知的霊感が求められたのである。ヨーロッパ絵画についていっさい素養のない一般人が風景をながめ愛でるなどありえない、とまで極言してもいいくらいであった。言うまでもなく、グランド・ツアーの精神がここに連結されているのである。後述するギルピンの『ワイ川のピクチャレスク・ツアー』のなかで言及されていたギリシア、ラテン文学からの引用は、のちの版になると一掃され、だれでも読めるように英訳されていた。これは教養の低下、すなわち旅行が大衆化、民衆化された証しにほかならない。

それでは、イギリス人独自の美意識にもとづいた感性の形式は、どのような過程で展開していったのであろうか。

図13　イギリス独自のピクチャレスクな風景

イギリス的美意識の醸成と展開

そもそもは、本章冒頭のウォルポールの言葉にもあったように、自然を採り入れたイギリス独自の風景式庭園は奇妙なことに一七世紀の画家たち、クロード・ロラン、サルヴァトール・ローザ、ニコラ・プッサン、メインデルト・ホッベマ、ヤーコプ・ファン・ロイスダールなどのフランス、イタリア、オランダの風景画家たちが描いた絵画を通じて養われた美意識から誕生してきたのである。［図13］

こうした風景画家たちはグランド・ツーリストを通じてイギリス人の理想美をつくるのに触媒作用をはたしたのであった。自然を見つめる眼にはたえずクロード・ロランやニコラ・プッサンが描いた古典風景を介在させて自然が映っていたわけである。こうした「絵を介在して」「絵のような」風景をまとめ、「絵を見るような」反応を喚起する、といった視覚の優位をうたうことでピクチャレスクという美意識が生まれてきたのだ。

クロード・ロランやニコラ・プッサンの画のような「ピクチャレスクな」光景だと言っているうちはその直接的な誘因も理解できたが、人々がピクチャレスク美を求めて旅に出るようになり、やがて「雄牛は、毛の抜け替わりがはじまる四月五月の頃、もっともピクチャレスクな存在になる」といった見方がされるようになった。そこではピクチャレスク美はすでにかなり変形され、イギリス独特の美意識へと変貌していったことがわかる。優美で、流れるような体形の線を誇る馬よりも、無骨で荒くれた「雄牛」がきわめてピクチャレスク的であるという発言は、牧師ギルピンの口から出たものである（103ページ参照）。冒頭で紹介したホレス・ウォルポールの言葉は、ピクチャレスク美がまだ萌芽状態にある時の反応だと言えるだろう。

グランド・ツアーにかわって、スコットランド、湖水地方、ウェールズ地方の国内旅行に、台頭してきた中流階級、新興階級の人々が群がるようになり、「ツーリズム」の時代が近づいてきたそのころ、ピクチャレスク美とツーリズムがどのような連携、関係を保ちながら発展していったか、以下にその軌跡を素描してみよう。

2　ピクチャレスク・ツアーとは何か

湖水地方の「観賞のしかた」――トマス・ウェストのガイドブック

グランド・ツアーが下火になったのを機にはじまった国内旅行だが、それを促進するのに想像以上に寄与したのが旅行書である。だれもがじっさいに旅行にいけるわけではないので、「紙の上で」満足しなければならなかった事情もあったのだ。あまたある旅行書のなかでも、トマス・ウェスト（一七二〇－七九）の案内書は湖水地方の標準的なガイドブックとして半世紀以上にわたり愛読された。

ウェストの功績は、湖のそれぞれに絶景をおさめるような眺望点（ステーション）をさだめ、いわゆる見どころを決めたところにある。旅行者に乱雑な印象の羅列としか映らない個々の景観をひとつの経験にまで昇華し、一幅の絵画のような統一像を提示した。風景を絵画のように「見なければならない」態度を旅行者に植えつけたのであった。ここにピクチャレスクと同一の視座を見るのは容易である。つまり旅行者は、静止した目の前の風景を額縁に入れるようにたえず習慣づけられていったのである。ウェストの定めた眺望点から、ウェストが美しいと定めた風景を見て、同じような印象を万人がうけるように強いたわけである。土地に不慣れな旅行者は、いきおいウェストの眺望点に立たなくてはならない強迫観念にかられ、この場所を目ざして旅行をするようになる。紋切型の観光旅行の誕生である。ウエストの『湖水地方案内』（1778）は旅行者に風景の見方を教えたのではなく、旅行者はこの案内書が教え示す場所を見に行かなくてはならないのだった。

ウェストは推賞といいながらも、すべて規定してかかっている。信じられないことだが、湖水地方をめぐる旅程まで、絵画を下敷きにして想定されていた。湖水地方に入るのにはふたつのコースがあった。北コースはペンリスから、南コースはランカスターから入る。ウェストは南コースを強く推す。穏やかな地から峻険《しゅんけん》きわまる地へと移動するように説くのである。つまり、クロード・ロランを見て、ニコラ・プッサンへ、そして畏怖あふれるサルヴァトール・ローザへ進めというわけだ。

トマス・ウェストはスコットランドで生まれ、育ったのち、リエージュにあるイエズス会のイングリッシュ・カレッジで修道士としてすごした。このような経歴のためか、イギリス国教会の本流から逸脱していることを自覚してか、いずれかわからないが、その著述にはことさら愛国主義的な色が強調されているようだ。一七六九年、帰国してファーネスで暮らすようになり、やがて湖水地方のツーリズムをささえ、活性化していく『湖水地方案内』を著す。この案内書には湖水地方の〈イングリッシュネス〉を色濃くとらえようとする試みと同時に、イタリア、スイスに同化しようとする記述が多分にふくまれている。ウィンダミア湖、ダーヴェント湖の風景をイタリアの風景画のように考えるあまり、ウィンダミアの市街地にある建造物も、イタリアの建物を模倣すべきであるとまで言いだす始末であった。一七八〇年代になるとウェストの周辺には似たような発言をする人々が集まりはじめ、「湖水地方の目立つ場所には調和するような建物をつくり、風景をよくすべきである。だから樹木を多少伐採してもかまわない」などと平気で口にするようになった。

湖水地方が旅行ブームで最盛期をむかえている頃、ウェストは亡くなってしまう（一七七九年七月）。『湖水地方案内』のつぎの校訂者になった、ケンダル出身のウィリアム・コッチンは、ウェストが作成した本文を増補し、風景からおぼえる反応を詩歌と結びつけ、旅行者により強い縛りをかけようとして、巻末に付録として文学作品の引用、抜粋をつけた。その頃すでに湖水地方旅行の必携書としての地位を獲得していたトマス・グレイが一七六九年一〇月に湖水地方を訪れてしるした『旅日記』からの一節は、この案内書の付録になったことにより、ひとつの「聖典」にまでなっていった。いわば湖水地方の文学選集のような趣をこの案内書はたたえるようになり、現地を見るまえからすでに、画一的な反応を誘導されていたのである。ここにもひとつの観光の定型化がうかがえる。ガイドブックがツーリズムを形成する今日の旅行となんら変わらないすがたがここにはある。

ウェストの案内書は、湖水地方のガイドブックのなかでも、驚異的な人気を博し、旅行客を魅了しつづけた。旅行する人々の層が広がり、それまで参加できなかった階級の人たちをも誘った。そうした新参者には、経済的余裕はあるものの時間的には束縛される中産階級の人々が多かった。これまでの旅行者のように、旅行前に情報を集め、先行の旅行者の旅行記を読んで準備する時間などとても望めない。ウェストに人気が集まったゆえんである。いつの時代も手間を省けば質が落ちるものである。湖水地方をめぐる旅行者はウェストの呪縛を解けそうにはなかった。だが、考えてみれば湖水地方に足を向けた旅人は、ニコラ・プッサンの絵画、ウェルギリウスの詩歌にひかれて、アルカディアを求めて旅立って行ったのではなかったか。そう考えれば、ウェストもアルカディア神話を少しばかりつむぎだそうとしたひとりなのである。

のちに桂冠詩人となるロバート・サウジーは、第四章でふれる『イギリス通信』（1808）のなかで湖水地方に旅立つ前、当時もっとも読まれていたウェストの『湖水地方案内』を宿で買い求め、「旅する以上にこのガイドブックを読む楽しみも抑えがたいものがある」（「第三七通信」）と述べている。先ほど述べたように、ウェストのガイドブックは湖水地方ガイドブックのなかで最大のベストセラーで、一七八〇年に再版、一七八四年に三版、一七八九年に四版、一七九六年に六版、一七九八年に七版を重ね、サウジーが参照したものは一八〇二年の第八版と推定できる。一八二一年、一一版まで売れつづけた大ベストセラーであった。人々の旅情をかきたてたのは、その簡素な記述にある。「湖水地方に風景美を求める人々のために」という題辞からわかるように、ウェストは山々に関心をはらわず、低地、湖のみに叙述を限定した。時代も後押しをした。序文には風景を構成するためのクロード・グラスをぜったいに忘れないようにと注意を喚起し、そこから景勝をながめるようにツーリストたちを導いていた。その意味で湖水地方のピクチャレスク・ツアーを推進したウェストはもうひとりのギルピンと呼んでさしつかえない。後で述べる、ピクチャレスク・ツアーの原動力になったギルピンの『ワイ川のピクチャレスク・ツアー』（1782）もこうした旅行書ブームのなかから生まれてきたのであった。

崇高美の観賞――トマス・グレイ

湖水地方の古典的案内書を見た次には、旅行記の流行もここで視野に入れておこう。実用的な記述のガイドブックが、こぞって求められる背景にはスコットランドのハイランドへの旅行者の増加があった。一八世紀末、風景の崇高美と簡素な生活をたたえたハイランドの地をめざして、多くのツーリストが押し寄せるようになっていたのである。湖水地方だけに限ったガイドブックを見ても一七九〇年代から一八一〇年代にかけて毎年、それぞれ特色のあるガイドブックが出版されつづけていた。

ハイランドと湖水地方がツーリストを惹きつけた大きな要因として一七〇〇年代から起きたロマン主義を忘れてはならない。ロマン主義の場合、旅と創作には深い関連性があるのである。一八〇三年、ワーズワスと詩人コウルリッジが旅したスコットランド・ツアーは妹のドロシー・ワーズワスの手で『一八〇三年スコットランド・ツアーの想い出』（1803）としてまとめられている。そしてスコットランドの文学者の存在も力があった。ロバート・バーンズの詩、ウォルター・スコットの小説が、スコットランドへの想いをかきたててやまなかったのである。とりわけ小説家スコットはエトリック在住の羊飼いジェームズ・ホッグからの手紙を編集して、ハイランドの風景美をたたえた。こうした旅行書のなかで、もっとも強い影響を与えたのは詩人トマス・グレイである。

トマス・グレイは一七六九年秋に初めて湖水地方を訪れた。友人ウォートンに宛てた手紙は、文学者が湖水地方の美的特質をとらえた最初の文献として有名である。詩人グレイの一連の手紙はW・メーソンが編纂して、『トマス・グレイの作品と生涯』（1775）のなかに発表され、グレイの『旅日記』として広く読まれた。エドマンド・バークの崇高美論をなぞるかのように、グレイはボロウデールの崇高美あふれる風景をとらえている――「直後、ガウダー・クラッグに遭遇した。理解をこえた目にもおぞましい岩丘だ。岩山のロードアなぞ比べものにならない。雨が頂から岩を垂直に裂き、震えながら下の方から凝視していると、岩が垂れ下がり、前後にゆっくりと揺れている。行く路の両側に破片が散らばっていて、巨岩がふさいでいた。ここはアルプスの山道を想起させる。あの山中では口をきかず俊敏な動きをするよう、ガイドから注意を受けた。空気の振動で頭上の雪塊が落ちてきて、われわれ旅人を埋めてしまうからだ。あの時の忠告に従い、ここでも黙ってすばやく動くことにしよう」。ここで注目すべきは、グランド・ツアーで体験したアルプスが、ここ湖水地方で追体験されている事実である。双方の体験に共通するのが、崇高美という美意識であるわけだ。グレイの旅日記は湖水地方をアルカディアの世界と位置づけている点でも無視できない。

なお、これは余談であるが、アルプス体験のとき、グレイは恐怖が先立ってしまい、崇高美の観賞どころではなかったようだ。友人のリチャード・ウェストに宛てて、「死がいつも跳梁していた。……畏怖どころか危険すぎて、じつは美のことなど考えられなかったよ」と正直に告白している。こうしたグレイの感性にグランド・ツアーとピクチャレスク・ツアーの接点を見出すことができよう。

グレイの旅行記はカントリー・ハウス訪問についても多くのページが割かれている。ピクチャレスク美の展開を述べる前に、もうひとつ忘れてはならないことがある。ピクチャレスク美は絵画美のみを対象としていたわけではないということだ。この一八世紀はカントリー・ハウスの時代でもあった。庭園もカントリー・ハウスに付属したもので、館と庭がひとつになって観賞されるべきものであった。

カントリー・ハウスは、庭園と同じように歴史、政治、時代精神が息吹いている場であったから、ピクチャレスク美を愛でる旅行者にとって、かならず訪れなければならない聖地のひとつであったわけである。たとえばウィルトンにあるカントリー・ハウスを訪れた観光客の数は一万二三二四名にものぼり、シュロップシャーのホークストンにあるカントリー・ハウスは美しい自然庭園があったためか、押し寄せる観光客に対応するために館付近にホテルを建て、需要に応じたほどである。ストロベリーヒルにあるホレス・ウォルポールのカントリー・ハウスやロンドンのトマス・ホープのカントリー・ハウスでは案内冊子を用意して、入場切符まで発行していた。ポートマン・スクエアにあるモンターギュ夫人の館なども切符を発行して入場料を徴収していた。

こうしたカントリー・ハウスを訪問客により魅力的に見せるため案内目録が作成されたわけだが、ここにも専門業者がいた。ジョン・ハリスは一七四〇年から八〇年にかけてカントリー・ハウスの冊子・目録だけでも九〇点以上を作成し、そのなかでもっとも人気のあったストウの『庭園案内』にいたっては三一刷を数えるほど人々から求められたのであった。グレイもこうした風潮のなかにいた旅行者のひとりであった。

3　ピクチャレスク・ツアーへようこそ

ピクチャレスク美の唱道者、ウィリアム・ギルピン

ピクチャレスクという美意識を唱道したウィリアム・ギルピン（一七二四－一八〇四）はどのような環境で育ったのであろうか。そしてなぜこのような美意識を提唱するようになったのか。この問いはピクチャレスクが含む歴史性を、そして〈イングリッシュネス〉という問題をも照らし出すであろう。

ピクチャレスク美学を広めた重要人物、ギルピンの横顔からその哲学、美意識を詳しく紹介しよう。［図14］

ギルピン家はその先祖をウィリアム王の時代までさかのぼるほどの旧家であり、その古い血筋をくむウィリアム・ギルピンは、一七二四年六月四日にカンバランド州カーライル近くのスカールビィーキャッスルで生まれた。父親の陸軍大尉ジョン・バーナード・ギルピン（一七七六年没）は有名な画家であり、その弟ソーリー・ギルピンも動物画家として名をのこしている。祖父も多分に絵心のある人であったというから、アマチュア画家としての才能がギルピン本人にも受け継がれていたようである。

一七四〇年、オックスフォード大学クィーンズ・カレッジに入学したが、そこでは「おごそかなるあくび」以上のものを見出せず、不満にみちた鬱屈した日々をおくった。卒業後の一七四六年に英国国教会の牧師補佐に任ぜられ、翌年、バッキンガム州ストウで説教をしながら名高いストウ庭園を足しげく訪れている。その観察の成果として『コバーン伯爵のストウ庭園をめぐる対話』（1748）を著し、そのなかで自然の風景と廃墟にみられる美の相違について論じている。すでにピクチャレスク美学の萌芽が、ここにみられることは注目してもよい。

一七五一年、ギルピンは従姉マーガレット・ギルピン（一八〇七年没）と結婚し、ロンドン郊外にチーム寄宿学校を運営するようになり、助教師として授業を担当したが、ギルピンは有能な教師であると同時に厳格な指導者でもあった。厳しいとはいえ、それは当時行なわれていた体罰をふるい暴力に訴える教育指導ではなく、話し合いを重視した教育であった。校内には生徒が自主運営する売店があり、学窓を巣立っていく者が社会の仕組み、約束事を学べるようにという配慮がなされていたのである。そして宗教教育の一環として新約聖書をわかりやすく説いた『英国国教会教義問答集』(1779)を編纂するほどの敬虔な牧師でもあった。

ギルピンの自叙伝には、安定した学校経営からの収入と「娯楽」からもたらされる収入がかなりあった、と記されている。ここでいう「娯楽」とは夏季休暇を利用して毎年夏ごとにくり出した国内旅行とその旅行記執筆のことであり、ケント地方(一七六八)、エセックス、サフォーク、ノーフォーク(一七六九)、ワイ川(一七七〇)、湖水地方(一七七二)、スコットランド(一七七六)と毎年のようにイギリス国内を精力的に旅しつづけている。ギルピンは旅にはスケッチ帳とノートをかならず携え、記録を丹念に書きとどめた。帰宅してスケッチやノートから旅の記録を再構成して、

図14　ウィリアム・ギルピン

ピクチャレスク旅行記を著していくのである。一七八二年から一八〇九年までに陸続と出版された旅行記のタイトルは『——におけるピクチャレスク美の観察』という定型のもと、旅した地名のみを入れ替えていくという工夫がなされていた。一七九一年、好評をもってむかえられたピクチャレスク旅行記の印税四〇〇ポンドを投資して、ボルダーに学校を設立し、一七九三年に救貧院を開設した。一八〇二年にはこれまで描きためた絵をオークションにかけて一五〇〇ポンドの収益をあげたが、それも学校運営の基金にまわした。だが爆発的に売れたピクチャレスク旅行記の人気はギルピンに安住の地を与えたわけではなかった。むしろピクチャレスクばかり話題にされるのはどうやら不満であったらしい。最晩年には、出版社にたいしてギルピンは、自分が書いた宗教の著作をもっと宣伝するように訴えている。「近頃、ピクチャレスク推奨者としてばかり喧伝されているが、牧師として名前をのこしたい」とは偽らざるギルピンの述懐であった。一八〇四年四月五日、このあくなき旅人は永遠の旅に出たのであった。

先ほど述べたピクチャレスクと〈イングリッシュネス〉の問題であるが、この経歴や旅行記からもわかるように、ギルピンはかなり歴史と国民性を意識していた。ピクチャレスク・ツアーもいわば歴史の確認作業につうじる一側面を兼備していることを忘れてはならない。旅行や写生は風景を通じての歴史認識の場でもあったわけである。ギルピンの歴史認識への関心はその旅行書のなかで何度もとりあげられている。

崇高美（サブライム）とピクチャレスク概念

ピクチャレスクとは何かという議論はこれまでつくされてきたが、今ひとつ明確に規定されていないようである。というのも、美の概念規定はとかく抽象論におちいりやすく議論がどうしても空転しがちだからである。美という概念が個人それぞれによってまったく異なるからで、強い思い込みを伴うためか、主張がひとりよがりになり相手に伝わらないうらみがのこる。当人が「これが美だ」と感心しようとも、第三者は逆の情感をえている場合すらある。

とはいえ、ここであえて、ピクチャレスクを構成する美の概念について考察してみたい。面白い逸話が残っている。詩人コウルリッジは、スコットランドを旅している旅人がクライドの滝と直面したときの感情表現を問題にしている。

コウルリッジは滝をしばらく観察したあと、滝の美しさを表現する形容詞は何がふさわしいか、と心のなかで模索していた。やがて「崇高」という表現しかないという結論に達する。そこへふたりのアメリカ人旅行者がやってきて、ひとりはコウルリッジと同じ言葉を口にして詩人を安心させるが、その連れ合いである妻は、「もっとも綺麗な」という形容詞が口から出てしまう。コウルリッジは「崇高」と「美しさ」の区別も理解できないこの夫人に憐れみをもよおす。何がいけないのか。

対象の美しさを表す語といえば、「崇高」(sublime)、「雄大な」(grand)、「美しい」

(beautiful)、「優美な」(graceful)、「綺麗」(pretty) などを想起するが、それぞれの語にはそれぞれの意味内容、含意が重なりあっている。意味範囲の中心にくる「美しい」は美の標準的概念であるが、「崇高」と「綺麗」はもっともかけ離れていて、コウルリッジがクライドの滝を「綺麗な」と表現した女性に憐れみを感じた原因にもなっている。この女性の誤用に反応してか、コウルリッジも「崇高」というより「荘厳」(majestic) という方がふさわしいのでは、と考え直している。つまり美を表す形容詞は「ある点」において、その概念が重なっていることがわかる。その点とは何か。「崇高」と「雄大」がほぼ同一であり、「綺麗」から一線を画すものは何か。それは「大きさ」(greatness) である。この「大きさ」が基本概念になるのは「崇高」から「大きさ」を除去してみると理解できるであろう。「綺麗」はこの「大きさ」を排除して成り立つ概念であることも同時に考えてみるとよい。

　基本概念になる「大きさ」は空や海を想起すればよい。「蒼々たる大空」、「闇のような天空」とか「無限に広がる大洋」などの例からわかるように、ここには悠久の時をともなった無限の大きさを認めることができる。むろん、ここでいう「大きさ」とは大きなものだけを指しているのではないことは自明であろう。

「優美な樹」は大木であることを条件としないし、「綺麗な木」は大木をさしてはいない。だが「崇高美あふれる樹」はほとんどが大木であるのが条件のひとつになろう。動物にもこのカテゴリーは適用でき、鯨を崇高な動物だということはできても、昆虫については適当ではなかろう。「崇高な虫」というとき、その表現はきわめて特殊な例となるからである。「綺麗な小さなもの」、「美しい小さなもの」という表現はあるが、けっして「崇高な小さなもの」とは言わない。また「大きさ」は空間の広がりから限定されているだけでなく、性格の強さ、生命力の偉大さをともなうとき、形の大小にかかわらず「大きく」なってくる。絶壁から落ち、絶命した主人の亡骸のそばに三ヶ月もつき添い、離れようとしなかった愛犬をうたったワーズワスの詩に登場する「犬」は、いかに崇高な姿をたたえていることか。またワーズワスが、子供を「偉大な預言者」とよんでいる例からもわかるように、力の偉大さも必要な要素なのである。「優美」よりも「崇高美」になるためには、この力の無限さがどうしても必要となってくる。「崇高美」は力のもつ圧倒的な偉大さから生じてくる。一本の樹が崇高美をたたえているのは、その樹が空間、時間の大きな広がりをしめているのと同時に、枝を高くかざし、葉を縦横に広げ、吹きつける風雨と何年もたたかい、幾春秋の去来をまるで朝夕のうつろいと同じように眺め、生きてきた樹木の生命力があってこそである。

崇高美が受容者におよぼす力について考えてみよう。最初に押し止められたような、また押しもどされたような何か受け容れがたい、しかし抵抗しがたい力がまず働きかけてくる。人間を卑小に弱小に思わせるような力がはたらく。「綺麗」、「優美」という美にはこうした衝動力は皆無であるといってよい。

抑圧された意識から崇高美は生じてくる。抑圧から解放される衝動がともなうからである。急な拡張、自己を運び出されるような感じ、反動、制止、制限から一気に解放される衝撃が訪れる。これが崇高な美しさであり、しばしば歓喜をともなうのである。だから崇高美は畏怖の感を強く帯びてくるのである。

ギルピンの美意識

ギルピンの提唱するピクチャレスクは、このような崇高美から大きな示唆をえている。ギルピンが敬愛した、政治家であり哲学者でもあるエドマンド・バーク（一七二九―九七）はその『崇高美および美の起源に関する哲学的省察』（1757）のなかで、美は「なめらかで、軽く、繊細にして、優雅な、小規模なもの」を表す概念であるのにたいして、崇高美は「巨大で、陰鬱な、ごつごつした、畏怖心を与える」概念であると規定した。

バークがギルピンに影響を及ぼしたのは、ひとつの概念だけではない。崇高美の探究の「方法」についても、より深い影響力をみることができる。その方法とは「私たちの胸にある諸感情を詳細に検討し、経験に照らし、感情に影響を及ぼしている事物の属性を入念に調べる。そうした属性が私たちの感情を引き起こす自然の諸法則を冷静沈着に探究せよ」ということであり、感情反応の心理的影響をみきわめようというものであった。ギルピンはバークのいう受容者の心理作用に、みずからのピクチャレスク美を重ねていったとみることもできよう。

崇高美は苦に起源をもつある種の恐怖から生じ、苦と危険を感じると同時に歓びをともなうといった複合した美意識であった。ギルピンはこの過程を誇大してみせたのである。つまり「心はなやぐ畏怖」という美意識を提唱したのであった。本来、ギルピンは画家であったため「絵になる美」、「絵にふさわしい美」をピクチャレスクとしたが、恐怖という属性がその美意識の根底にあるから、なめらかさ、均整のとれた対象はたんに美しいものとして退けられ、粗々しい未完成の状態がピクチャレスクの本質であると考えたのである。それゆえ画家が絵を創作していくように粗々しいものを材質にして、ピクチャレスクは形成されていかねばならない。対象のもつ粗々しさがピクチャレスク・ダイナミズムの源泉であった。ギルピンの規準からいえば、美しい形の整った壮麗な建築よりも廃墟が、手入れのいきとどいたアラビア種の馬よりも荷馬車をひく雑種の馬の方が「美しい」、すなわちピクチャレスクになるとされたのである。

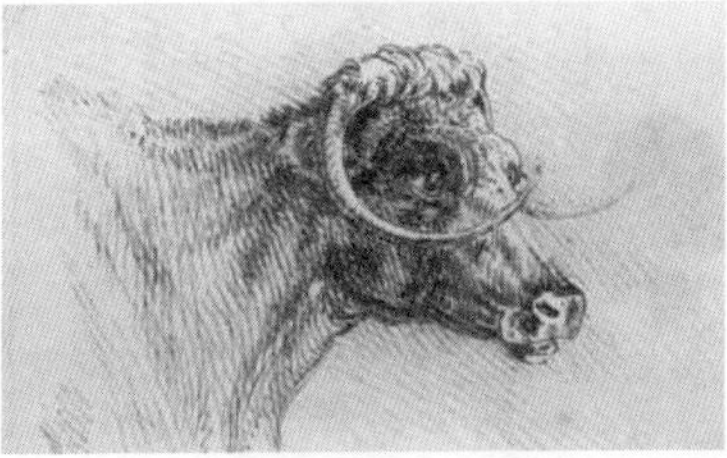
図15　ピクチャレスクな牛

馬と牛、いずれがピクチャレスクかと言えば牛であり、それは「馬の体形をなぞる線はまるく、なめらかでほとんど変化を与えないのにたいして、牛の骨は角立ち、体形は変化にとんでいる」からにほかならなかった。そしてこの規準は牛や馬をつつむ光がおりなす陰影についても適用されていく。「馬は庭園のなめらかな土のように光をおだやかに受けるが、牛は荒廃した土地の荒涼さと同じように光を大雑把にしか受けない」と述べ、その結果、「馬は単調な色彩でつつまれるが、牛は豊かな色彩を放つことになる」と結論づけている。〔図15〕人間にもこの規準はおよび「微笑をたたえた美しい若者の顔」は単調であるとされ、「しわを額に深くきざみ、頬骨がつき出て、盛りあがる頬肉を深いひげにかくし、眼のうえに厳しい額を聳立《しょうりつ》させた顔貌」の方が絵画的、すなわちピクチャレスクであるとした。樹木は天をあおぐように真っすぐ成長した大樹などは論外で、朽ち枯れた、空洞のできたような大樹、曲がりくねった老木をよしとした。廃墟、苔生す石橋、割目、亀裂が走る岩、岩肌などが、統一され整った対象よりも多様性にとむものとしてピクチャレスクな存在とされたのである。ここまで書けば、ピクチャレスクを言葉どおり「絵画のような、絵のように美しい」と翻訳するにせよ、それは現代的感覚から思い浮かぶ「美しさ」とは異なる、どちらかというと「無骨な粗々しい」ものであることが理解できるであろう。

よってギルピンがピクチャレスクの要素としてもっとも重視したのは対比、対照である。対比は対立するふたつの要素から生まれる。この二要素がいわば統一をなすときもあるが、対比が著しくなればなるほど矛盾、葛藤、不協和が強くなる。ギルピンはこの対比、対照をピクチャレスク美の原理にした。「均整のとれた建物は不均整な建物と組み合わせればよい。もっともよく見える。美の新しい源泉は対比から生まれる。対比がなければ均整のとれた建物など何の意味もない」とまで極言する。だから論の延長には、岩は周囲の草木と対比されるべきであり、山、丘陵は側面の森林と対照をつくるべきであるし、山には湖を、森林には河川を、荒々しい谷間には羊の群れを、岩棚がつきでた山には旅人を「対比、対照」しなければならなくなってくる。ギルピンの描いたスケッチのなかでは、人間はつねに対比された状態で配置されている。屹立する山中でぽつねんとたたずむ旅人、樹木がおおう湖面を見つめる旅人などが登場してくるわけだ。この人物と自然の対比によってピクチャレスクの効果はより高度に達成されていくのである。

絵画は色彩でもって三次元的立体をえる。遠近法がその構成の原理となるのであるが、視点を固定することにより対象の大小、方向、距離を表現する。線と点で対象を配置していくのである。ギルピンはこの遠近法に加えて距離の遠近を明暗の度合いで、つまり介在する空気、大気中の光線の変化によって距離を喚起する遠近法を用いた。ギルピンは「遠いものと近いものを区別するには」色調の濃淡法（グラデーション）を用いるべきだとして、山水画にも似た技法を駆使して、みずからのピクチャレスクな絵を構成している。

またギルピンは対比と配置を密接に関係づけている。「この廃墟は壮大ではあるがけっしてピクチャレスクとはいえない。塔、他の部分、建物全体が絵になる、つまりピクチャレスクな効果をうるためには、遠近法を活用して、樹木を配置し、嫌悪すべきところを隠してもしまわなければならない」と配置を重視する。だが、ここで注意しなければならないのは、風景を前景、中景、遠景と分割していることである。廃墟を中景に置き、樹木を前景、遠景に配置したとき、「広大な遠景」がもっとも効果を発する要素、つまりピクチャレスクそのものになると考えていたのである。

「眼」そのものになるべし――ギルピンのピクチャレスク・ツアー

このような美意識のもとに、ギルピンは絵をつくる美を求めて旅に出る。自然こそ探究する場。そして自然のなかのすべてが対象になる。生物、無生物を問わずピクチャレスク美を構成する一要素となるのである。人間、動物、小鳥や彫像、絵画、庭園、古代の建造物、荒廃した城、聖堂まで、ほとんどすべてを対象にする。旅人の心のなかには絵を構成する様々な要素がすでに用意されているため、旅の途中で出会ったものと合致させてピクチャレスクをつくりあげていく。旅人は予期せぬ快い驚きに遭遇する機会を道中たえず期待している。そしてひとつの風景を発見すると、その風景がピクチャレスク美を構成するか否かをじっくりと観賞する。言い知れない知的興奮が身体をつつむ瞬間である。とりわけ崇高な風景に遭遇すると、ピクチャレスクをつくっていく歓びは、反応の深さに比例して旅人のなかに沈潜していった。

ギルピンは、ピクチャレスク美を理論化したユーヴデイル・プライス（一七四七－一八二九）やリチャード・ペイン・ナイト（一七五〇－一八二四）たちのピクチャレスク論者とは異なり、風景を抽象化せず具体的に感応、感得していく旅人であったため、ほかの旅人と目線が同じ高さになり、その旅行記は人気を博し多く読まれたのであった。また彼が教師であり、聖職者であったことも説得力を増した一因と考えてよい。

では、多くの人々に感動を伝えたギルピンの旅行記はどのように書かれたのであろうか。そこに風景の崇高美に対するギルピンの豊かな感性を看取できる。

一七六八年からギルピンは旅行記の準備のためにイギリス各地を周遊していく。一七六八年のケントを皮切りに、一七六九年、エセックス、サフォーク、ノーフォークを来訪し、一七七〇年には絵画コレクションの閲覧をかねて、南ウェールズに足を向けワイ川を下っている。さらに一七七二年には湖水地方を含む、カンバーランド、ウェストモアランドへの旅を敢行し、一七七三年、北ウェールズ地方、一七七四年、南海岸地方、一七七五年、西部地方につづいて一七七六年にはスコットランドのハイランドまで踏破している。

こうした一連の旅は短期で一週間、長期で一ヶ月の時間を費やして行なわれた。一七六八年までにもギルピンは自宅から何度も小旅行を試みているが、一七六八年からはある意図のもとに旅がなされるようになった。かつてテムズ川沿いに旅行をしたギルピンは、風景の記録をノートに書きとめ、簡単な素描を添えていた。その素描を絵筆のたつ弟の手で、より完成度の高いスケッチに仕上げてもらっていたが、一七六八年の旅からは自分でスケッチも描き、それに文章を添えるやり方に変えたのであった。旅の風景のなかで見た自分の視点を重視するようになったのである。自分自身がものしたスケッチと文章が対話をしはじめ、互いに補完しあうようになり、ここに類例のない新しい旅行記が誕生したのであった。だから描き出された絵が、風景のありのままの姿を写しとったものではなく、ギルピン自身の美意識を投影したものとなったことは言うまでもない。

ギルピンのなかでピクチャレスクという美意識が芽生え出したのである。彼の審美感は、何度もスケッチを繰り返しているうちに確立されていった。そうした過程をもっと注目してよい。風景を描き文章を書くなかで、自らの感性と合わない風景はスケッチしても物にならず、いくら言葉を費やしても訴えるものがないことに気づきだしたのである。

旅行記を執筆するために書いた何十冊もの備忘録は、ピクチャレスクという美意識がいかに育まれていったかをあますところなく伝えてくれる。

一七七〇年六月一日、ギルピンは初めて、のちに景勝地として知られるワイ川にピクチャレスク・ツアーを試みたが、イングランド南部、南東部の平坦な土地に慣れ親しんでいた目には起伏に富むウェールズの山岳地帯はじつに新鮮に映ったのである。優雅さと壮大さを求めるギルピンにとってワイ川流域はまさに「描写」に値する風景そのものであった。六月一〇日に帰宅したギルピンは興奮を抑えることができず、友人ウィリアム・ミットフォードに、「ワイ川に足を向けたことがない者は何ひとつ見ていないに等しい。ワイ川こそピクチャレスクそのものだ……。ワイ川の美は光彩そのもので『完成』していて、『正しい』。あとやることといえば、それをキャンヴァスに写すことくらいだろうか。まさに絵画そのものだ」と書き送り手放しで礼讃している。さらに美意識を形成する核心へと迫っていく。「ワイ川で見えてきたものを想像力に訴えてみよう。対象をうまく組み合わせることができたら最高の美が生まれ、もとの風景以上の美が創出されてくるはずだ」（一七七〇年七月三日付書簡）。じつは現実の風景を分断して、再構成して新しい美をつくりあげるという絵画操作は、ニコラ・プッサンなどの作品から学んだものである。

『ワイ川のピクチャレスク・ツアー』の初期稿は六十六葉のスケッチ画が入っていて、偶然に詩人トマス・グレイの目に触れ、称讃をえるところとなった。

ギルピンは巻頭で、本書は新しい試みの書であって、けっしてワイ川流域の風景をありのままのすがたで提示したものではないと述べ、ある原則にしたがって風景を描写する探究の書であると高らかに宣言した。そして新しい歓びがわいてくるが、その歓びは「対比」から生じてくると述べている。グッドリッチ城をつつむ森全体の描写をみてみよう。

ロスから四マイルばかり船はすべるように進んでいったであろうか。グッドリッチ城に着いた。雄大な眺めそのものだ。オールを休めてじっくりみてみよう。川の流れが優雅に目の前に広がっている。右の岸は岩壁が切り立っていて鬱蒼とした木々におおわれている。さらに先には崖がこちらを見下ろしていて、森のなかにたたずむ城を睥睨《へいげい》しているようだ。この光景こそワイ川でもっとも雄大で、ためらわずに「ピクチャレスク」そのものであると断言しよう。

ギルピンは、ワイ川の森、渓谷、岸辺はただ美しいだけではピクチャレスクな美にとんでいるとはいえないと言う。川、森、崖、城が「統一されて」、はじめて新しい美は生まれてくるのだと主張しているのである。

たしかに自然の意匠はすばらしい。だがその構成は不均衡きわまりない。自然は愛すべき色彩をかもしだし、無限の組み合わせで色彩を調和させていく。だが全体の調和をつくりだすには、自然そのものだけでは然るべき構成に欠ける。前景、後景のいずれかだけでは、不均衡になってしまう。すべてを台無しにしてしまう線が一本走ったりする恐れもある。木の配置が悪かったり、岸辺が類型的であったりして、何か不都合が生まれてしまうのである。またあまりに広大な自然は人知でははかりしれない。そんな自然のすがたを人間が把握したときに初めて調和が見出されよう。だから画家は、範囲を限定して、自然のわずかな一部でピクチャレスクという美意識を操作すればよい。

自然はかならずしも、しかるべきすがたを提示していない。ピクチャレスク的視線こそが風景を、愛でる対象として「向上」させることができるのである。ある旅行記のなかでギルピンはピクチャレスク美を求めるあまり、ティンターン修道院の廃墟も小槌を使って「目にわずらわしい」部分を削り取れば、より完全なピクチャレスク美に近づくであろう、とまで極論している。

ギルピンによれば、まずピクチャレスク・ツーリストに求められることは、あくまでも対象を見ることに徹し、「眼」そのものになることである。次に自分自身を棄て去り、その風景のなかにとけこみ、ひたすら観察をこらす存在へと化していく。自然を肉眼で微細なところまで凝視し、画家の眼でもって、自然を見る人としてピクチャレスク・ツーリストを特徴づけている。ギルピンは、詩人たちが好んで描く葉陰をゆらす微風のつぶやきや小鳥の歌声、小川のせせらぎには何ら関心を示さない。ましてや自然の造物主に想いをはせるようなことも、いっさいない。ただピクチャレスクな美が欲しいだけである。だから風景のなかを農夫が急に横切っても、その農夫にはふりかえってもらいたくない。人間が登場してはピクチャレスクな画面を壊してしまうからである。あえて農夫が存在するにしても、せいぜい後姿しか認めようとしない。農夫のすがたは、ピクチャレスクを求める眼には透明な存在でしかないからだ。農夫が存在を許されるのは、ウェルギリウスの『牧歌』に登場する頑強で自己充足した農夫であるときに限られている。間違っても現実の世の中に生息している農夫であってはならないのだ。ギルピンのエッチングに描かれた人物は目もなければ鼻や口もない。すべて真っ黒に塗りつぶされているのだから。

4　諷刺されるピクチャレスク——ドクター・シンタックス現象

これまで、ピクチャレスクという美意識がいかに受容され、旅行書というメディアでその美意識が表現されてきたかを見てきたが、一八〇〇年から一八一〇年にかけて、ピクチャレスク美を追究した観察記録、庭園建造、旅行などといった一連の流行を愚行とみなし批判するような態度が現れだした。イギリス国内に浸透しつつあった旅行熱は一向に衰える気配をみせなかったが、ピクチャレスク・ツアーは諷刺の対象として批判にさらされるようになってきた。小説ではジェーン・オースティンやトマス・ピーコックから、批判の矢が放たれた。詩ではウィリアム・クーム（一七四二―一八二三）が火をつけ、トマス・ローランドソン（一七五六―一八二七）の挿絵ともども、「ドクター・シンタックス」の名をイギリス文化史上不滅のものにした。

ドクター・シンタックスの誕生

さて諷刺の対象になるには、諷刺の対象そのものが十分に浸透していなければならない。

誰もその存在を知らないようでは諷刺の対象になりえないのだから。その意味でギルピンと彼が提唱するピクチャレスク美をイギリス文化風土に根づかせた最大の功労者は詩画集『ドクター・シンタックス』の連作をかいた作家と画家である。

では、ピクチャレスク概念がいかに諷刺されたかを見るまえに、ピクチャレスク美が日常生活にまでいかに浸透したかを示す、いわば「シンタックス現象」を概観しておこう。クームの『シンタックス博士のピクチャレスク・ツアー』は出版されたが書評の対象とはならなかった。旅行記としてではなく、画集とみなされたからである。ところが挿絵とヒューディブラスめいた二連句で書かれ諷刺をともなったこの一連の作品は、読書界から諸手を挙げて歓迎されたのである。

『ポエティカル・マガジン』(1809)に連載された最初の作品『シンタックス博士のピクチャレスク・ツアー』は、一八一二年に単行本化されるやひとつの「社会現象」にまでなった。その年には四版を重ね、一八一三年に五版、一八一五年に六版、一八一七年に七版、そして一八一九年には八版を重ねたのであった。

シンタックス現象はイギリス国内にとどまらず、ヨーロッパ大陸にも飛び火した。ちょうど風景式庭園がイギリス式庭園の名称でアメリカにまで広まったように。だが、ここが文化伝播の興味深い点で、原作を忠実に翻訳したものはなく、その国の実情に合わせて翻案のような作品ばかりが現れたのであった。剽窃《ひょうせつ》による海賊版も数多く現れたことはいうまでもない。オランダ語版が一八二〇年に、フランス語版が一八二一年に出版されたが、そのなかでもっとも興味深いのはドイツ語版である。それはフレッド・ヘンペルがペリグリナス・シンタックスという筆名のもとに書いているからである。さらに翻訳版に加えて、地名を変えただけの模倣作品も続出した——『パリのシンタックス博士』、またはグロテスクを求めての旅』、シンタックス博士と似た人物がスコットランド旅行をこころみる『プロッソディ博士のスコットランド、ヘブリディーズ諸島、オークニー諸島、シェトランド諸島をめぐりアンティークとピクチャレスクを求める旅』(1821)、『シンタックス博士の拾い子、ジョニー・クァック・ジーナス』(1822)、『シンタックス博士たるコミックス博士の冒険または運命の愚行』(1825) など枚挙に暇がない。一八一五年から二八年までの間に少なくとも一二以上の模倣作品が生み出されたのであった。とりわけ『シンタックス博士のロンドン探訪記』(1820) は出版文化史の側面から見ても興味深い。というのも詩、テクストの一部を原作者ウィリアム・クームが書き、シンタックス博士の三部作を出版した美術出版で有名な版元アッカーマンがその一部を発行したからである。出版物本体がベストセラーの最中、同じ作者のみならず、同一の出版社が模倣作や海賊版をみずから出版するような蛮行が現実に起きたのである。現代ではとうてい考えられないが、これは明らかにシンタックスブームに便乗し利潤をえようとした企てとしか考えようがない。

やがてシンタックスブームは書物の世界を超えて現実の日常生活のなかへ定着しはじめ

た。料理皿、嗅ぎたばこ入れにはじまり花瓶、マグカップ、ピッチャーなど陶磁器の図柄として登場してきたのである。［図16］皿のイラストはローランドソンが手がけ、リヴァプール近くのワリントンにあるガラス工場で、ガラス製作にいそしむシンタックス博士の姿がユーモラスにその皿の上に描かれている。この図柄は、アントニオ・ネリーの『芸術』（1688）のなかのグラベロットが描いた版画を下絵に使用するという凝りようである。これを製作したペリン・ゲデスガラス製作所は一九世紀初期のイギリスを代表する工芸ガラスをつくっていたが、ロバート・ブロアーが主宰するダービーガラス工場ではシンタックス博士の人形が一三種類もつくられ、またジェームズ・ラルフ・クルーズ工芸所ではもっとも人気が高かった青磁の食器セットが製作され、シンタックス博士をその意匠として採用している。そのデザインは三一種類にものぼる。こうした食器、絵皿類はアメリカへ輸出された。シンタックス博士は大西洋を渡り、さらにその人気に拍車がかけられ、新大陸でも大好評を博して、人々の需要に応えたのであった。

図16　シンタックス博士が描かれたピッチャー

シンタックス博士の旅

シンタックス博士の旅は、ギルピンの紀行文とピカレスク小説を合体したような韻文作品である。物語の内容は、ギルピンが旅行記で大もうけをしてすっかり金満家になったという設定にもとづき展開していく。あろうことかシンタックス博士もギルピンにあやかって旅行記を書き、ひともうけをしようという魂胆である。シンタックス博士の経営する学校は火の車で破産寸前だからであるが、加えて税金はとどまるところを知らず、食料も値上げ攻勢で生活は逼迫《ひっぱく》し、破綻寸前。寄宿している学生たちの食欲は天井知らず、とどまる気配などない（シンタックス博士が経営する学校はギルピンと同じく寄宿制である）。当然、採算が合うはずがない。教師の魂ともいえる鞭を購入するのもままならない。こうした学校経営が破綻する寸前の状態を目の当たりにしながら、シンタックス博士は旅立っていく――

物知り教師の宝、ムチでさえ
値上がりつづき
折れてはかなわないと
思わず素手をあげてしまった

わが夢をふくらませ至福の状態にいるシンタックス博士に妻が旅の目的を詰問する。する

図17　すべては写生から（『シンタックス博士のピクチャレスク・ツアー』）

とシンタックス博士は毅然と、旅のスケッチを本にして売るつもりだと得意顔をうかべ、「馬に乗って旅行し、スケッチを描き、文をつづり例の『金満先生』のようになるのだ」と胸を張ってみせる。［図17］このくだりを目にした同時代の読者はひとりのこらずギルピンと一連の旅行記を脳裏に浮かべ、微苦笑で頰を緩めたはずだ。

一歩も進まないような疲れきった老馬グリズル号をしたがえ、シンタックス博士はオックスフォードからヨークへ旅を進めていく。ヨークシャーでカーライル伯爵の知遇を得る。カーライル伯爵は、シンタックス博士の来訪をことのほかよろこび、予定の旅行記を出版する費用の援助を申し出てくれたばかりかロンドンの邸宅に来るようにとまで歓待してくれたのであった。ケジックからリヴァプールへ向かい、さんざん苦労したあげくようやくロンドンへ到着する。カーライル邸で二週間滞在し、その逗留中に旅行記をまとめ出版準備にかかる。その後、帰宅し、短くて長かった八週間の旅は終わりを告げるのである。

ちなみにシンタックス博士の保護者になる第五代カーライル伯フレデリック・ハワードは、当時、詩人バイロンから手厳しい批判をあびせられ、格好の諷刺の対象となり嘲笑の的にされていたという事実を挙げておいてもよかろう。さらにハワードは作者クームとイートン校とケンブリッジ大学での同窓であった。

さて、この珍道中の波瀾万丈な物語であるが、これはまさに同時代のどの旅人も経験する旅の出来事が下敷きになっている。だからある意味でコミカルな旅行記は、郵便馬車が主流になる以前の旅を描いた観察記にもなっている。ギルピンの旅行記からはいずれも旅人個人の感慨など一言ももれてこないので、シンタックス博士の旅行記と合わせて読めば、旅の実態をかなり正確につかめるはずである(むろんすべてを真にうけてはいけないが)。

長い鼻と長いあご、白髪まじりの鬘《かつら》をつけ、埃まみれの外套に身をつつんだ痩身の中学教師がくり広げる物語詩が、何ゆえにかくも文化現象となるまでの人気を博したのであろうか。それはローランドソンの絵筆とウィリアム・クームの筆力との相乗効果に負うのは言うまでもない。だが、それ以上にシンタックス博士の人間性そのものに魅力の源泉があるのではなかろうか。怪しげな、学識ともよべない知識をふりまわし、有るか無きかの品位をそな

図18（上）、図19（下）　追いはぎにあったり、沼地に落ちたり。旅は試練の連続（『シンタックス博士のピクチャレスク・ツアー』）

えた人物がひき起こす事件、出来事からかもしだされるこの嘲笑、憐憫を誘ってやまない落差こそ、今日にいたるまでのシンタックス人気を支える最大の要因である。

愛しき老馬グリズル号をしたがえて出立していく勇壮な姿は、サンチョ・パンサを随伴して冒険に繰り出すドン・キホーテを想起させる一方、追いはぎにあい身ぐるみをはがされてしまい何度も川や沼地に落ちてしまうシンタックス博士が、こうした失敗の連続のなかからユーモアをたたえて浮かびあがってくる。[図18][図19]鯨飲馬食し、煙突のように煙草の煙をはき出し、のべつ幕なしにおしゃべりをつづけるシンタックス博士から滲み出てくる素朴な人間性にふれるとき、読者は思わず心がなごむのである。愛馬グリズル号が歩むような速度でクームの韻文は綴られていて、読者も旅情を分かち合うことになる。

文学テクストとしてのシンタックス博士

シンタックス博士の道中記には同時代の小説の設定とかなり似たものが含まれている。たとえば主人公は、旅立ってすぐに道に迷ってしまい、追いはぎに襲われ全財産（財布であるが）を奪われ木に縛りつけられてしまう。やがて村の少女に助けてもらったシンタックス博士は命からがら宿にころがりこむが、安心したのも束の間、宿代をふっかけられ女主人と熾烈なののしりあいになる。女性とみれば誰かれとなくキスを大盤振る舞いして、牛に突進されたかと思うと、貴族の邸宅を宿と見まちがえる。こんな失敗ばかりをやらかしてしまうのだ。また同宿した男たちから、あわや金品を強奪されそうになる緊迫した場面があるかと思えば、笛をふいて音楽をかなで、村人とダンスにうち興じるといった牧歌的な場面も展開する。また執筆中の旅行記を得々と朗読するのだが、耳を傾けていた村人はことごとく眠りこんでしまう。苦労苦難にめげず教会に入り説教をし、落ち着くはずのロンドンでも騒動の数々が展開し、息をつくひまもない。それでも帰宅してみると伯爵からの年金四〇〇ポンドが届いており、ようやくここにシンタックス博士の旅はめでたく幕を閉じることとなる。

以上のようなテクストの展開からみて『シンタックス博士のピクチャレスク・ツアー』連作は典型的なピカレスク小説の形式を踏襲していることが理解されよう。この小説形式はスペインからイギリスにもたらされ、イギリス小説の萌芽となった。最初の作品はトマス・ナッシュの『不運な旅人』(1594)であるといわれているが、やがてスモレット、フィールディング、デフォーなどが書いた小説群はイギリス文学史の黄金期を形成していく。この作家たちがいずれもピカレスク小説を書いている事実に注目しておいてもよかろう。とりわけスモレットはピカレスクの傑作『ジル・ブラス』を翻訳している(1749)。このイギリス小説のうねりはやむところなく、後年、ディケンズ、サッカレーらによってさらに大きな河へと成長をとげることになる。ピカレスク小説はいずれも旅を物語枠にしている点が特徴であるが、旅と物語がいかに強く結びついているか、その大河の分岐点にたつ『シンタックス博士のピクチャレスク・ツアー』は両者の関係をあらためて強調して見せてくれるのである。

もうひとつ忘れてはならないことがある。ピカレスク小説の主人公は読者の心に深くきざまれて忘れがたい存在となり、血のかよった人間として独立し、ひとり歩きしだすようになるのだ。トム・ジョーンズ（フィールディング）、ロデリック・ランダム（スモレット）、ジャック（デフォー）、モル・フランダース（デフォー）、ピックウィック（ディケンズ）などの主人公を一瞥してみても改めてその感を深くするであろう。ここで、わが水戸黄門も例に出したい誘惑に駆られてしまう。

シンタックス博士はまさにピカレスク小説の典型的人物像である。牧師のくせに酒好きで、自分が説教するほどにも禁欲的でなく、腕に自信があろうはずもないのに冒険ばかりに熱中し、いつも金がない、金がないと喘いでいるにもかかわらず弱者に味方し、人間としての欠点をつつみかくすことなくさらけ出して生を謳歌している。この主人公に読者はどこかで会ったような懐かしさと安らぎを覚えてしまう。あのやせこけたトボトボ足の馬を横にしたがえ冒険に出かけていくドン・キホーテこそ、シンタックス博士の父であり祖父ではあるまいか、と。たしかに『シンタックス博士のピクチャレスク・ツアー』は表面的にはギルピンのピクチャレスク・ツアーを諷刺しているのであるが、同時に脈々と流れるイギリス小説の伝統的な文脈にたつ作品であるからこそ存在を強く主張してくるのだ。

シンタックス作品を忘れがたいものにしているのは、クームの詩文とローランドソンの挿絵の画文共鳴に負うところが大きいと述べたが、たしかに絵は文を、文は絵を補完し、すぐれた相乗効果を生みだしている。クームとローランドソンは作品制作についていっさい協議しなかったが、これほど両者の息があった絵画と詩文の幸福な融合は文学史上でもあまり例をみない。一八一二年五月一日に『シンタックス博士のピクチャレスク・ツアー』が刊行されたが、ローランドソンの挿絵入りの版は一ギニーで、挿絵のない詩文のみの本は一〇シリング六ペンスであった。その後も、挿絵を省いた廉価版が何度か出版されたが、一般読者はローランドソンの挿絵が入った豪華本を求めたという。

図20　ピクチャレスクな廃墟（『シンタックス博士のピクチャレスク・ツアー』）

巻頭の挿絵［図20］の描き方をみればこのシンタックス・シリーズの性格が一目でわかる。ピクチャレスクの「ピク」という文字が廃墟を形づくり、残りの「チャレスク」という文字がこれまたギルピンがピクチャレスク旅行記で好んで言及した墓碑銘として刻まれている（図版の右端、草にかかった碑に記載）。ギルピンのピクチャレスク・ツアーを視覚化してみせ、一瞬にして、作品世界に読者を誘っていく仕掛けとなっている。そしてこの挿絵の図案から、逆に、ギルピンの旅行記がどれくらい一般読者に浸透していたかがよく理解されてくるのである。

クームの詩文もまた韻文の力をいかんなく発揮し絶妙な味をかもしだしている。旅と並んでイギリス人にとりついた宿痾《しゅくあ》ともいえる狩猟にシンタックス博士は誘われるのだが、ピクチャレスク探究に余念がなく言下に断ってしまう——

狩猟などしている暇はない
湖を狩りに行かなくてはならない
貴下が疾走する鹿を追うなら
私もウィンダミア湖へ飛んでいき
狐には目もくれず
岩間のこだまを狩らなくては
目をこらし鼻をきかせ
ピクチャレスクめがけてまっしぐら
これぞ私の狩猟
姿なき獲物をしとめよう。

今ここに引用した第一三篇の一節は各行が押韻されていて、言葉が言葉を追っていく様子はちょうどハンターが獲物を追跡していく姿を想起させる。そして滑走するような詩語がフーガを織りなしていき、はからずもその目的である「姿なき獲物」、つまり「ピクチャレスク」をしとめるというわけだ。ちなみに音のハンティングならぬ「こだま狩り」も湖水地方の名物であった。

ともあれギルピン本人はシンタックス博士と生き写しであった、と父親と同名の息子ウィリアム・ギルピン（一七五七－一八四八）は証言している（P・ベンソン編『ウィリアム・ギルピンの自画像』）。

5　階級社会を映すピクチャレスク

〈聖／俗〉のせめぎあい

ティンターン修道院はワイ川河畔に聳える廃墟の聖堂であり、ピクチャレスク・ツアーの最大のスポットのひとつでもあった。ここでは、ひとつの美意識が現実と衝突し、どのように屈折して、風景を織りなすのか、ティンターン修道院の廃墟を中心に検討してみよう。ピクチャレスク美が直面していた「現実」をここで改めてみておこう。ギルピンの旅行記を読んでいると、ピクチャレスク・ツーリストたちは好んで人通りの少ない小道に入り込んでいく。これはピクチャレスクにふさわしい風景、田園を求めてのことかもしれないが、じつは一般道では荷馬車、郵便馬車が往来し、騒音や車塵が巻きあがっていたからにほかならない。たとえば、よくピクチャレスク・ツアーの起点になったブリストルでは各地を結ぶ幹線の料金徴集所（ターンパイク）のまえを一週間に駅馬車一七六万五二五九台、ワゴン四九一台、荷馬車七二二台、大荷馬車二〇六台、馬一万一七五九頭が通過していたのである（ジョン・ブルワー『想像の歓び――一八世紀イギリス文化史』）。

またピクチャレスクの要素となる風景については、田園、景観が消滅していった原因として囲い込み運動の激化をまずあげなければならないだろう。耕地を柵や垣で囲むことは中世から行なわれていたが、こうした土地の専有化にたいしてことさら異議がさしはさまれることはなかった。一六世紀初頭に起きた第一次囲い込み運動は、土地所有者が借地農民を追放し、農地を牧場に変えたりしたが、それほど大規模なものではなかった。ところが一八世紀に起きた第二次囲い込み運動はまったく異なる様相を呈していた。産業革命にともない農業技術が改良され、農業生産の向上と効率化が加速的に進み、一定の大農地が必要になったのである。もっとも盛んになってきたのが一七六〇年頃であり、しかもナポレオン戦争によって穀価がさらに上昇するようになる時期と重なっていた（キース・トマス『人間と自然界――近代イギリスにおける自然観の変遷』）。

囲い込み法は一七三〇年から一八二〇年の間に三七〇〇件近く成立したが、一七六〇年から一七八五年まで年平均四七件の囲い込み法が成立していた。これによって囲い込み運動が

いちだんと進み、ほとんどの開放耕地はすがたを消してしまったのである。ワーズワスが『逍遥篇』（1814）のなかで、

旅人がどこへ足を向けようとも
不毛な荒野のすがたは
あとかたもなく消えつつある

と嘆いたのも無理はない。一七六〇年から半世紀もたたないうちに二五〇万エーカーの開放地が整然とした規格地に変貌していたのであるから。むろん分割された囲い込み地は、ギルピンにとってピクチャレスク美の対象にはとうていなりえなかった。

囲い込み運動は、多くの農民から土地を奪い、生活基盤を消滅させてしまった。レスターシャーのある村では運動が進んだ結果、三五戸あった農家が牧師館と牛小屋の二棟しか残らなかったほどの零落ぶりをみせた。イギリス全土を席捲したこの運動の結果、多くの人々が農業を捨て都市へ職を求めていった。同時にアメリカへの移住者もけっして少なくはなかった。オリヴァー・ゴールドスミス（一七二八－七四）の『廃村』（1770）は、まさにこの囲い込み運動が追いつめた農民のすがたを熱い涙でもって歌っている。王侯貴族は一息つくことができるが、「国の誇りである農夫は／ひとたび滅びればそれで終わりだ」と嘆き、「生ま

れながらの力を堅持している国は／極貧がみまおうともつねに幸福である」と高らかに宣言し、国の基盤は農業にあり、それを支えている農民を敬え、と説く。農村の荒廃は国家の凋落につながるというわけだ。ピクチャレスクという美意識の背景には過酷なこうした現実がたえず迫っていたのであった。

ティンターン修道院の周辺は古くから産業が栄えた地域であった。ギルピンも『ワイ川のピクチャレスク・ツアー』のなかで「聖堂あたりは静寂そのものにつつまれていると書いたが、最近、半マイルも離れていないところに大きな鉄工所が建造され騒音を撒き散らしている」と嘆いている。さすがのギルピンもこの鉄工所だけはピクチャレスク美の対象にできないとみたのか、「この工場群も修道院と同じ風景を形成しているのである」と口惜しそうに現実のみを書きしるしている。静寂を求めて祈りの生活に入っていたシトー修道会がこの地を代表する鉄鋼産業の礎を築いたことは皮肉といえば皮肉である。鉄工所という現実が祈りの場である聖堂のなかに侵入していった結果、修道院は廃墟と化していった。つまり、俗が聖を脅かし凌駕してしまった結果といえようか。

乞食もピクチャレスクの一部

ピクチャレスク美を賞賛するギルピンのティンターン修道院の描写のなかにあって、きわめて異質なものが挿入されている。乞食の老婆がそれである。そもそもギルピンの旅行記のなかに人物が登場してくることはまれである。『ワイ川のピクチャレスク・ツアー』のなかでもこの場面だけなのだが、また後年の旅行記のなかにもこうした人物が登場することはまずない。

ギルピンの前にあらわれた老婆はティンターン修道院の内部を案内するという。

わたしたちはひとりの見すぼらしい老婆のあとをついていった。修道院の図書館に案内するという。脚に麻痺をきたしているためか老婆は足どりもおぼつかず、松葉杖の助けなしには歩けないありさまだ。朽ちた門をくぐると床はイバラやイラクサでおおわれていたが、生い茂った野草のあいだから修道院の建物がすがたをあらわしている。ここが図書館だと指さすが、それは老婆の住処《すみか》であった。私たちをこの汚い家屋に案内したかったのだ。それほど興味があったわけではなかったが、一同好奇心にかられてしまった。ここまで不潔きわまる人間の住居は見たことがない。それは崩れた壁面のあいだにぽっかりできた空洞を利用したものであった。雨だれが落ちてきて色鮮やかな筋をとどめていた。湿気が踏み板を無きものにしてしまい床は土の地面にかわりはてていた。この悲惨な独房の中央に立っていると湿気を含んだ冷気が全身をつつみ、その瞬間、脚の自由を奪われはしたが、老婆は「よくぞ生きぬいたものだ」と感慨にうたれずにはいられなかった。

こうしたギルピンの観察に人間愛あふれる視線を感じとる批評家、論者は多い。共感する論者によればギルピンはピクチャレスク美のみを追究する審美主義者と考えられているが、その根底には聖職者らしい人間愛が流れているというのだ。弱者にたいしてみせたギルピンの慈愛心が現代人の感性にも訴えるというわけである。だが、この人間味あふれる現代的な解釈は誤りである。むしろ逆なのである。過去のテクストを今日の基準でもって解釈しようとするとき、誤謬《ごびゅう》がおきる。同時代の文脈に照らしてこの一節を読んでみよう。

ティンターン修道院を見学するためワイ川の遊覧船から降り立つと、観光客の目には乞食の群れが飛び込んでくる。乞食たちがわれ先を争って案内人を買って出ようとして駆け寄ってくる姿が……。つい眉をひそめてしまう光景だが、都会からきたツーリストたちの目にはこの汚い乞食たちも快い存在にうつるのである。いや、そうではない。「ピクチャレスク」そのものといってもよい。というのも、ティンターン修道院の廃墟にふさわしい人物としては乞食がもっともピクチャレスクな点景であるからだ。つまり商人や農夫から歓待されるよりも乞食に歓迎されるほうがはるかにピクチャレスクらしく、それはじつにふさわしく、かつ快かったのだ。

さて乞食のイメージがどのように感性として継承されていったかを追究してみるのは好奇心をそそりはしないだろうか。ギルピンの旅行記が及ぼした余波が別の旅行記のなかに、どのような形で書きとめられているか、一瞥してみよう。

旅行家T・D・フォズブロックの『ギルピンのワイ川案内』の第三版（1826）は、旅行記、ガイドブックがどのようにつくられ形成されていくか、変遷の過程を示していて興味深い。この旅行書はギルピンの『ワイ川のピクチャレスク・ツアー』の人気にあやかり、それに追従したガイドブックだけあって、いたるところにギルピンが引用されており、案内役をかってくれる仕掛けになっている。全面的にギルピンに依拠している姿勢は、引用が一ページ以上にわたる箇所が多数あることからもわかる。ただ第三版は内容をより強化し、数多く出版されていた他のガイドブックとの差別化をはかるため、ピクチャレスク唱道者の威光をことさらかりようとする。「従来の版に登場していた解説であまり権威のないものは削除し、フィットリーとプライスに大幅に依拠することにした」と序文にあるように、フォズブロックは、ギルピンに加えて、ピクチャレスクの権威者をさらに追加して、本書こそワイ川ガイドブックの「標準版」にしたい、と並々ならぬ心意気を披露している［図21］。

フォズブロックは本書の構成を解説していくが、第一部はピクチャレスクを形成するワ

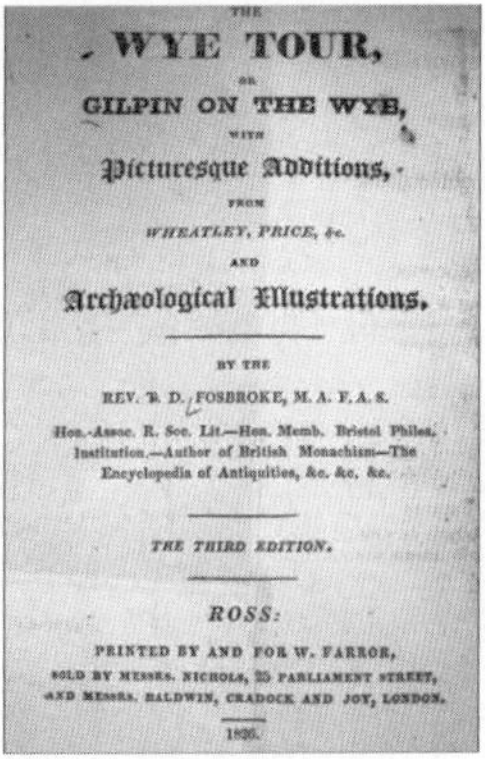
THE
WYE TOUR,
OR
GILPIN ON THE WYE,
WITH
Picturesque Additions,
FROM
WHEATLEY, PRICE, &c.
AND
Archæological Illustrations,
BY THE
REV. T. D. FOSBROKE, M. A. F. A. S.
Hon.-Assoc. R. Soc. Lit.—Hon. Memb. Bristol Philos. Institution.—Author of British Monachism—The Encyclopedia of Antiquities, &c. &c. &c.
THE THIRD EDITION.
ROSS:
PRINTED BY AND FOR W. FARROR,
SOLD BY MESSRS. NICHOLS, 25 PARLIAMENT STREET,
AND MESSRS. BALDWIN, CRADOCK AND JOY, LONDON.
1826.

図21　フォズブロックの『ワイ川案内』

イ川の景観美について述べ、第二部はワイ川にまつわる歴史を詳述する。この部分は「宿でお読み下さい」という親切心あふれる一言まで添えられている。第三部はワイ川岸に点在する街、遺跡の来歴についてギルピンの記述をまじえながら解説をすすめる。第一部が全体の三分の二をしめる。このガイドブックの構成をみても、ピクチャレスクは風景を直感的に観賞するようなものではないことがわかってくる。本章の冒頭でも述べたように、ホラティウスやウェルギリウスの詩文、画家ニコラ・プッサン、クロード・ロランへの言及や暗示を即座に理解できる古典的造詣を前提としていたのであった。ピクチャレスクという感性には深い文学的教養と知的霊感が求められたのである。

ところでギルピンの旅行記を祖述したフォズブロックのワイ川案内記をみると、この乞食にたいするギルピンの観察の真意がより明らかになってくる。このガイドブックにはティンターン修道院およびその周辺の記述はわずか五ページしか割かれていない。そのほとんどがワイ川の景観美とティンターン聖堂の壮麗さの礼讃に終始している。しかもその冒頭は一ページ以上にわたりギルピンの旅行記の記述をそのまま転用しているのだ。だが、この一字一句の変更もなくそのまま引用している箇所が問題となってくる。奇異な引用の仕方だからである。ティンターン修道院のピクチャレスク美を謳うような記述はいっさい引用せず、ピクチャレスク美を否定する「工場のためワイ川は汚染された」云々といった文章を全面的に引用してきて、次にフォズブロック自身の描写をはじめているのである。序文にうたう「本書の内容を高めるための目的以外の記述はいっさい省く」という編集方針にいちじるしくそむくことになるのではないか。つまりフォズブロックがワイ川河畔に広がる鉄工所を記述したギルピンの一文を冒頭にすえた理由は、これがピクチャレスク美を否定する一文ではなく、むしろピクチャレスク美を称揚する一文になっているために大きく紙幅を割いて挿入したと考えざるをえない。その証拠にギルピンが描いたティンターン修道院の老婆は、その後に押し寄せるツーリストたちの好奇心をとらえるところとなる。たとえば一七九一年、ワイ川旅行をしていた詩人サミュエル・ロジャーズは、父親に宛てた私信のなかで「いわゆる修道士の部屋に隣接した例の場所に、あわれな女がひとり居を構えていました。陰惨ここにきわまれり、とでもいうのでしょうか、あの独房めいた棲家は、ほぼギルピンが描いたままでしたが、例の老婆は作業所で亡くなったとのことです」とギルピンがなげかけた同じまなざしで対象をとらえている。

第三章　詩想を求めて田園を歩く　ペデストリアン・ツアー

1　自然が「美しい」という感覚──感性の推移

一七九四年、詩人ウィリアム・ワーズワスの妹ドロシーは親友に「私がここまで歩いてきた武勇伝を叔母が噂していたでしょう」とうれしそうに問いただしている。グラスミアからケジックまで一三マイル歩いて今はケジックにいる、とドロシーはその友人に併せて報告している。一二月の天候の悪い日にドロシーは兄ウィリアムとケジックまで歩いてもどってきた。日ごろからドロシーが歩きまわることを腹にすえかねていた叔母は、ついに「何ですか、女のくせに！」とドロシーを叱責した。ドロシーがその叔母に書いた反論は、歩くという行為を是認する記念碑になっている──「このあたりをうろつきまわって、という叔母様のお言葉は無視できません。歩くことがどうしていけないの？　自然がすばらしい体力を下さったことに感謝しなきゃ、と友人も言っています。第一、あんな郵便馬車に押し込められて三〇シリングも取られるなんて。歩くほうがずっとすばらしい」。

ここに対照的な例をあげておこう。

一七八二年、ドイツ人牧師カール・フィリップ・モーリッツは六週間をかけてロンドン＝ダービシャー間を往復する予定で滞英していた。一人旅で、所持品は「旅費四ギニー、着替え、道路地図、ノートそれにジョン・ミルトンの詩集『失楽園』であった」。そもそもがミルトンの心酔者で、その作品が書かれたイギリスをぜひ訪れたいという思いにかられて、訪英したのであった。旅行記には道のそばの木陰で『失楽園』をひもとき、目を落としている旅人の姿がよく登場する。モーリッツがイギリスでもっとも驚いたことは、徒歩による一人旅が、ヨーロッパ大陸とはまったくちがうように考えられていた点である。

徒歩旅行者は野蛮人扱いされ、出会う人々からまじまじ見られ、哀れみをうけ、危険な人物と考えられかねない。……だからイギリスではペデストリアンは乞食か放浪者、よほど困窮している人間と考えられ、宿無し人よりもはるかに珍しい人間であるとみなされてしまう。

モーリッツが馬車に同乗した旅行客のひとりに「どうしてイギリスでは歩いて旅する人はいないのか」と尋ねたところ、ドイツ人であると判っていてのことか、「イギリス人は金持ちで、怠惰にして誇り高いからだ」と胸をはったという。

図22　徒歩旅行は正装で

ドロシーの例に見られるように、モーリッツがイギリスで徒歩による旅をしてからほぼ一〇年ほどの間に、歩くことに対してイギリス人の感性に大きな推移が生じていた。一言でいうならば時代精神といえるのだが、人々は自然を見て、あらゆることを自然と関連させながら考えるようになっていたのである。

一七八〇年代は歩いて移動することは明らかに身分を映し出していた。歩く人は貧しくて階層も下であると思われた。ドロシーの叔母はまだまだ古い価値観をひきずっているが、一七九〇年代には少数の人々は野山や丘陵を歩き出したのである。だが、歩く人々の多くは散策で歩いているという「しるし」を服装でもってあえて示さなくてはならなかった。［図22］文化の推移はかくも微々たるものであるが、確実に変化していくのである。

わずか一〇年ほどの間に、歩くことに対して態度が一八〇度も転換した原因はいったい何であろうか。明らかにロマン主義が影響を与え自然観の推移が生じていたのである。でも人々は最初からいきなり公道には出て行かなかった。まずは自宅の庭のなかで歩き回ることからはじめたのである。「田園で暮らしている女性が好きなもの、何かご存じ？　散歩、歩くことよ」とドロシーは手紙にしたためている。自宅からわずかしか離れていないところを歩き出したのであるが、それでも大きな感性の変化が起きていたといわねばならない。前章で見たピクチャレスク・ツアーの流行は女性にも野外に出て行く機会をあたえた。

ピクチャレスクの根底には絵画趣味があるために、ピクチャレスク・ツアーは女性の教養となって小さな女性解放をもたらしたのである。ピクチャレスクの人為性を嘲笑する声はあっても、手つかずの自然と対峙するような姿勢はまだ一般には浸透していなかった。だが当初賛美された「ピクチャレスク」な風景は、よく見ると滑らかで変化に乏しく、元来のイギリスの風景とはかけ離れあまりにも人為的だったため、「やっぱり自然のありのままがよいのではないか。自然のなかで人間を見直すことは意味のあることだ」という声が聞こえはじめた。山道が整備され、やがてアルプス登攀《とうはん》が盛んに行なわれるようになった。アルプスの雄大で神々しい自然美に打たれた人々によって山岳への崇拝が生まれていたことがその背景にあると考えられる。

「ありのままの自然は美しい」。現代的な感覚からいえば当然のことであるが、当時、自然には「悪魔が棲む」と恐れられていた。それが美を意識するようになったのだから、ここに感性の変革がみてとれるのではないだろうか。

この意識の転換が起きつつあったときに流行したのが、徒歩による旅、「ペデストリアン・ツアー」である。以下に述べるように、移動は馬車を介するというのが一般的で、追いはぎが横行する物騒な世の中にあって、「歩く」ことは危険な行為であったにもかかわらず、美しい自然とふれあい歩くことで自分自身を見つめなおし、精神を高めるのが好ましいという考え方が生じたのである。さらには、「歩かざるを得ない人」（＝社会的弱者）の目線でもって社会の矛盾にプロテストするという意味合いもあった。

こうして、古典美をベースにした、どこかにあるはずの理想的風景、アルカディアを求めていたイギリス人に、「自然の風景が美しい」という感性の変革が起こり、古典的修養という呪縛から解き放たれて、イギリス独自のアルカディアを求める契機となった。

以下、自己のアルカディアを求めるさまざまな旅人の横顔から具体的に見ていこう。

2　徒歩旅行の出現

旅人の〈条件〉

第一章、第二章でも見てきたように、「旅」といっても、現代のように気軽に出かけるものではなかった。楽しむために旅をすることは、一八世紀イギリスにあっては、ごく限られた人々のみが行えた行動であった。旅は、それを可能にする財力と時間という条件が必要だったのである。

「旅を楽しむために旅をする」人々が出現したのは、ほぼ一七八〇年前後、一八世紀後半と考えてよい。むろんそれまで多くの人が旅をしたが、それはあくまで巡礼とか商用とかの目的があってのことで、旅がそれ自体を目的とするような旅行になるのは、一八世紀後半であった。旅行者は裕福な階層の人々で、しかもほぼ一ヶ月以上の日数を割くことができるような人たちのみが旅行者になれたのである。このように述べたところで具体的な旅人の像は浮かびあがってこないので、旅の記録をのこしているひとりの旅人に登場してもらい、イギリス国内旅行でもっとも人気の高かった湖水地方、スコットランドへの旅行を敢行したその人物像と財力を素描してみよう。

旅は金と時間しだい――ウィリアム・キッチナー

ウィリアム・キッチナー（一七七八‐一八二七）は、一八世紀末の旅人として典型的な例となりうるであろう。ウィリアムの父はロンドンで石炭商人をしていて、かなりの財を築いた人であり、テムズ川河畔に広い土地を所有していた。息子ウィリアムはグラスゴー大学に医学を学びに行くものの学位を取得できず、ロンドンに舞いもどってきてしまう。父の遺産を相続したウィリアムには三つの関心事があった。光学、音楽そして美食である。

光学についてはカムデン・タウンの天文台近くに住むほどの熱のいれようで、亡くなったときには八九台もの望遠鏡が遺されていたという。［図23］天文観察を記録した『望遠鏡の

図23　W・キッチナー

観察』(1815)は好評をもってむかえられ、数版を重ねた後、大著『月世界の理法』(1824)に結実した。また音楽の分野ではオペレッタを作曲したりしていたが、イギリス海軍をたたえた愛国的な歌は広く歌い継がれた。

またキッチナーは大変な蔵書家でも知られていたが、蔵書の多くは美食に関する文献であった。美食家として享受する側だけに立つのではなく、彼は調理人でもあった。クックの太平洋探検に同行した植物学者サー・ジョゼフ・バンクスのシェフ、ヘンリー・オズボーンの助力をえて、週に一度、友人たちを招いて食事会を開催していた。主人みずから演奏するピアノに合わせて招待客はテーブルにつき、料理に舌鼓をうちながら議論を重ねうち興じたという。ただ客人は、招待時間に一分でも遅れようものならその日は踵をかえさねばならず、また午後一一時をもってキッチナーの邸宅を辞さなくてはならない鉄則があった。四〇歳の頃に著した『シェフの言葉』(1817)は、食材の吟味から調理法にいたるまで細かく説明されていて、没後も長く刊行されたほど評判が高かった。ヴィクトリア朝の女性文化を支配した指南書『ビートン夫人の家政書』(1861)にも大きな影響をあたえている。

キッチナーの生活をふりかえってみると、旅人の条件を満たしていることがよく理解できる。まず、旅を可能にする財力と時間があること。幸い父から受け継いだ財産によって、彼自身の嗜好を存分に追求できた。旅の関心事が風景を愛で、未知の土地に足をふみいれ、その土地の習慣、人情を味わうことにあるとするならば、その嗜好と一致してくる。彼が書いた『旅人の言葉』(1827) は、出発時の心得、旅装の整え方から帰宅してからの旅行記の執筆にいたるまで、旅にまつわるすべてを網羅した、まさに旅の百科全書のような本で、妻エリザベスとふたりで旅したウェールズ地方の旅行記まで含まれている。ロンドンの自宅を出発してから三七日間にわたる旅行の記録であるが、この滞在、移動に要した日数にも注目したい。つまり当時、旅をするには目的地の遠近にかかわらず、また国内旅行にかぎっても(キッチナーは外国へ行った経験がない)、最低ほぼ一ヶ月間の日数を要したのがわかる。

キッチナーの旅行記には費用の内訳が詳しく記されている。遊覧用四頭馬車に週二ギニー、馬四頭分週六ギニー、御者の日当が六シリング六ペンス、交通費として五九ポンド一二シリング費やしている。三七日間ウェールズ周遊旅行の代金は、総計一一八ポンドにもなる。この額を一般大衆の収入と比較してみよう。綿業に従事するベテラン職工の日当が二シリングとすると、じつに年収にして三年分に相当する。上流階級のステータスを示す二輪馬車と馬一頭のロンドンでの年間維持費がほぼ四〇ポンドだから、その三倍である。旅行がいかに高価な代償を強いるものであるか、これでよく理解できよう。逆にいえば郵便馬車が庶民の手に届くものではなく、道路も整備されていない一八世紀末にあって、旅することは社会的かつ経済的地位を示す指標ともなりえたわけである。

悪路に跋扈する悪漢

本章冒頭にもあげたように、交通手段が馬車の時代になっていた一八世紀に、「歩くこと」にことさら奇異な視線が向けられ、否定的な含意がこめられたのも無理はない。歩くひととは、馬車に乗るひととは異なる意味をおびてくるからである。歩くひととは社会的には低階層で、経済的にみれば貧しい人々であった。それだけではない、危険な存在であるとまで考えられていた。よって浮浪者取締法が制定され、貧民を、病気や老齢などのため働くことのできない困窮者と、健康でありながら労働を嫌って怠惰な生活を送る浮浪者に分け、前者には許可証を与えて物乞いを許し、後者はむち打ちののち出身地に送還することを定めた。この浮浪罪が制定されたのは、ヘンリー八世時代の一五三一年の昔であった。

また歩く環境に目をむければ、当時の人々が歩くひとにたいして、疑問をなげかけずにはいられなかった理由も理解できるのである。

まず劣悪な道路状況があげられよう。道は曲がりくねり、平坦ではなく、泥でぬかるみ、雨が降っていなくても沼地のような状態で、馬車の轍のためにでこぼこだった。ウィリアム・ハリソンが『イギリス見聞録』（1577）のなかで、イギリスには道路らしい道路などほとんどないと嘆いているが、一八世紀になってもそれほど改善されたわけではなかった。国王は夏の期間六日間を道路補修に勤労するよう国民に命じたが、二日目に顔を出すものはまずいなかった。その結果、道路は荒れ放題になり、五〇フィートあった道幅が一二フィートまで縮まってしまい、馬車が通過すると、通行人は身体を避けることすらできないほどであった。夏目漱石は、一八世紀ロンドン市内の道路状況について、「夫から現今は何れへ行つても舗石があるが、其頃は舗石のあつた町は殆んど数ふる程しかない。そこで町人や商人が已むを得ず、自分の家の前丈けを自己の費用で舗石する。然しながら自分勝手にやる事だから石の大きさも並べ方も、随意である。大抵は石穴から掘り出した儘の丸石である。従つて町内中凸凹で、目を眠つて歩ける様な所は一箇所もない。往来の真中は穴だらけ汚穢《おわい》物だらけ又水溜りだらけである」（「倫敦」『文学評論』）と漏らしているが、花の都でさえこのありさまなのだから、ロンドン郊外の道、街道がどんな状態におちいっていたかは推して知るべし、である。

またこうした道路であったからこそ、治安の悪さも付随しようというものだ。辻斬り、追いはぎ、強盗などが出没するのは大前提であって、応戦する武器を携帯せず道を行くなどありえなかった。ピクチャレスク・ツアーを諷刺した戯文に登場する例のシンタックス博士が自宅を出てすぐ、追いはぎに遭遇したのもけっして偶然ではない。一六世紀の年代記作者ジョン・ストウは、『ロンドン市概観』（1598）のなかで、エリザベス女王の馬車がロンドン市内のイズリントンで悪漢の一団に囲まれてしまい、「転地療養に出ようとした女王はかえって気分が悪くなってしまった」と書いているが、女王が襲われるようなあぶない治安は、一八世紀になってもけっして改善されてはいなかったのである。フィールディングの小説『ジョゼフ・アンドルーズ』（1742）のなかで、主人公は、「まもなく可愛いファニーの顔が拝めると、希望に燃えて二マイルも歩いたところ、急にふたりの男が狭い小道に立ちふさがって、有り金残らずおいていけと脅してきた」と、突然の強盗の襲来に腰を抜かしそうになる。だが事態は脅迫だけではすまなかった。「ひとりの追いはぎはどなると同時に、いきなりジョゼフの頭をめがけて短銃を発射した。もう一人の盗賊は棍棒でジョゼフに打ってかかってきた」。この後難を逃れたアンドルーズも力尽きて気絶してしまうのだが、これは何も小説の中だけの話ではなかったのである。

だから公道や街道を歩いている人は、乞食か追いはぎかと見まちがわれても無理はなかった。馬車に乗らず歩いている旅人は、不審の目をそそがれたわけである。本章冒頭で登場したドイツ人牧師カール・フィリップ・モーリッツは、一夜の宿を求めて歩きながら宿屋を探したが、いずれの旅籠の主人からも、「あいにく満室です」というすげない返事がくりかえされるばかりであった。ついに我慢できずモーリッツは「長椅子でもいいから寝かせてくれ、一泊分払うから」と譲歩し懇願してみたのだが、それでも断られてしまった。これほどまでに道路を徒歩で移動することにたいして、社会は不寛容であったわけである。道を歩くひとは、乞食か追いはぎであると考えられていたのだ。

このように、旅をする場合、国内にせよ、大陸にせよ、馬車で移動するというのが一般的な大原則であった。

「あえて」歩く人々の出現

ところが馬車が隆盛をきわめ、一般的な交通手段となった時代にあって、ことさら歩くことにこだわる人々が同時発生的に出現したのである。旅をするにしても、移動手段としての馬車をあえてしりぞけ、徒歩旅行を敢行する人たちがあらわれた。これは歩行することが、きわめて否定的な意味で捉えられていた時代にあって、一七五〇年代からあらわれた特異な現象であった。

歩行を自己の資質追求、研鑽の原理にすえたひとがいた。イギリス国教会牧師であり歴史家であったウィリアム・コックス（一七四八－一八二八）は、グランド・ツアーの家庭教師として一七七五年から一七八八年まで三人の貴族の子弟に随行したが、できるだけ歩くことを賞揚し、みずからも大陸を所狭しとばかりに歩きまわった。コックスの場合、歴史家として、現地にたいして観察眼を光らせながら、歩いて資料を探査し、また史跡、史実を確認し、歴史的記述を完成させていき、『ポーランド、ロシア、スウェーデン、デンマーク旅行記』（1784）を著した。歩くことでそれまで見えなかった対象が、より克明に見えてくることを教師として教えたかったのであろう。こうした子弟にたいする指導を慰労され、ペンブルック伯爵から詩人ジョージ・ハーバートの旧教区を褒賞として与えられている。

コックスはみずからの著述のために徒歩旅行を実践していたのであるが、詩作のために徒歩旅行をする詩人たちがいた。オランダ、ドイツ、スイスを歩いて周遊し、『ソネット』(1789) を著した詩人ウィリアム・ボールズはそうした意図をいだいた旅人のひとりである。徒歩旅行とロマン主義運動は浅からぬ関係にあるのだが、ウィリアム・ワーズワスこそ、その精神を完全に体現し、それを基盤におき詩作を重ねた詩人である。一七九〇年に二〇〇〇マイル以上にわたるアルプス縦断の徒歩旅行を行なったときの体験は後年の人生、詩作にまで深く影響をおよぼすところとなった。

3 思索としての徒歩旅行

極端な例――〈ウォーキング〉・スチュアート

一七八三年、インドからイギリスまでみずからの足で踏破してみせた〈ウォーキング〉・スチュアートことジョン・スチュアート（一七四七－一八二二）は、哲学的思索を求めて歩くことにたいして徹底的にこだわり、全世界を踏破し、ある意味で詩人ワーズワスの歩きながら詩作する精神性と通底していた。

〈ウォーキング〉・スチュアートは、幼少の頃から社会規範をはなから守ろうともしないはみ出しもので、よくいえば自然児であった。一七六三年、一六歳の折、「人類に悲惨と幸福をもたらす原因を見きわめ、幸福を追究」するという青雲の志をいだき、マドラスの東インド会社に書記官として就職した。東インド会社を辞職後、インド太守の私設秘書やマイソールで軍隊を指揮したりしたが、一七七六年ごろ、徒歩で世界一周を企て、インド内陸を出発して、紅海沿いにアフリカのエチオピアを南下して、白地図のままであったアフリカ内陸からアラビア砂漠を横断し、アドリア海、地中海諸国にことごとく足を踏み入れ、一七八三年、ロンドンに到着した。スチュアートはベジタリアンで、その当時の旅人がかならず護身のためにしていた武装もせず、全行程をみずからの足で踏破したのであった。

一七八四年、北スカンジナヴィアから中央アジア全域を縦走する徒歩旅行を敢行したが、その後の一七九〇年頃から、奇妙な高邁さに彩られた人間論を出版しはじめたのである。人々が行きかう往来にアルメニア人の民族衣装をまとい、自己宣伝にもつとめた。ソクラテスを説く老水夫みたいだと、人々はその言動を揶揄したのであった。そして自説がイギリス国内で受け容れられないことに腹を立て、アメリカ、カナダ中を歩きまわりながら講演旅行をつづけていたが、イギリスへもどる。その直後にフランス全土を歩きまわりはじめるのだが、ルイ一六世が処刑される数週間前、ワーズワスと出会い意気投合した。革命の夢覚めやらぬ青年ワーズワスは、スチュアートが熱く雄弁に政治を語るのに一驚したという。一七九五年から一七九九年まで、ロンドンでの生活に窮乏し、再びアメリカ大陸で講演旅行をつづけたが、どんどん歩いているうちに止まるところを知らず、気がつけばはるか南アメリカ大陸までたどり着いてしまった。一八〇三年以後はロンドンに定住し、思索と歩行の日々にもどり、一八二二年二月二〇日に息をひきとる。

スチュアートは、真の意味での教養人で、友人には作家、哲学者、音楽家、政治家が多く、学識は広範、多岐にわたり博識をきわめ、八ヶ国語を自由にあやつる「国際人」でもあった。一八〇〇年代には彼を主人公にした諷刺画がさかんに描かれ、笑劇『ハートフォード・ブリッジ』の主人公としても登場した。ただ嘲笑の的になったのが災いしたのか、スチュアート自身が誤解を受けてしまったためか、エディンバラ大学へ、講座開設のために一〇〇〇ポンドの寄付を篤志として申し出たが、拒絶の憂き目にあってしまった。

歩行から生まれた思索の成果として、『理性の革命、あるいは自然界の万物、人間、人間の知性、道徳的心理、普遍的善をめぐる憲法制定』(1789)、『道徳的行動の起源を求める旅』(1790)、『最高傑作、あるいは世界を偶然性から体系へと還元するための一大試論』(1803)、『人間の完全をめぐる黙示録』(1808)、『道徳世界を反転するテニス・ボール――孤独な旅行者による一連の宗教的、歴史的、感傷的瞑想のなかで――』(1812)、など三〇冊以上の著述がのこったが、すべて私家版で出版され、知友に配布されたのみであった。判型は歩きながらでも読めるようにと十二折の小型本であり、その内容は地理学、唯物論、道徳にわたり思念が傾けられているかと思えば、急に詩文が入ってきて、最後には読者が罵倒叱責されるといった、これ以上ないほど妄想、錯綜を重ね、迷走をきわめた叙述が綿々と展開されていた。よき理解者であった作家トマス・ド・クィンシー（一七八五－一八五九）は「天才にはちがいないが、他人に自分の考えを伝達するのはどうもうまくなかったようだ」とスチュアートの人物像を評している（『湖水地方と湖畔詩人の思い出』）。友人たちは、スチュアートを、内省的な汎神論をかざし、結婚を前提としない自由恋愛（彼は一生独身であった）を信奉する完全主義者とみなし、「歩く思想家」と考えていたようだ。

スチュアートの代表的な著述である『道徳的行動の起源を求める旅』にその主張を窺うことができる。それは、これ以上分析できない事物の終極要素を認め、それら相互の関係を外在的、偶然的なものとみる原子論に還元しようとする試みである。そして世界をくつがえすような治安崩壊が切迫してくる恐怖に駆られたスチュアートは、母国語である英語が近い将来に滅びてしまうであろうと予感し、自分の全著作をラテン語に翻訳し、地中深く埋めるよう、忠実な読者に向かってメッセージを発した。世界を歩きまわり、思索を重ねた哲人の旅人は、自分の歩行の果実を深く土のなかに埋め、再びよみがえる日を祈ったのであった。

スチュアートは、みずからのアルカディアをどこに求めていたのであろうか。

ロマン主義運動と連動していた旅――ジェームズ・プランプターの徒歩旅行

理性を重視する古典主義から、情熱、心情を重んじ、写実よりも想像を強調するロマン主義が台頭してきていた。主知的で形式、均整などを遵守する古典主義に対して対極的な人間観を懐胎しているのがロマン主義である。一言でいえばそれは人間肯定の思想であり、人間を善なる存在と見て、その人間のなかに、無限の可能性が内在しているとみる態度である。よって精神の発露を自立的に、内発的に表現しようとする。歩くことと思索を連動させ新しい精神を形成しようとする試みは、〈ウォーキング〉・スチュアートのように極端な例もあるが、一八世紀末におきたロマン主義運動の精神的な支柱になっていたことを、いくら強調しても強調しすぎることはない。ロマン主義運動と徒歩旅行の関係については、本章の後半でくわしくとりあげるが、ここではひとりの牧師が、一七九〇年から一八〇〇年まで数度にわたり実行した徒歩旅行（ペデストリアン・ツアー）を中心に、その意図、目的、精神性を一瞥し、徒歩旅行の意味を問うてみたい。

ジェームズ・プランプター（一七七一―一八三二［図24］）は、一大観光名所となった湖水地方でくりひろげられる植物採集に熱狂する女性たち、自然愛好を声高にさけぶ紳士たちの生態を甘美な挿入歌とともにうたいあげたオペレッタ『湖水地方のツーリスト』（1798）の作者として、イギリス文学史にその名前をとどめている。

簡単にその人物像紹介をしよう。ケンブリッジ大学クィーンズ・カレッジ学長であり、ノリッジ主教座聖堂名誉参事会員であったロバート・プランプター（一七二三−一八八）の三男として生まれたジェームズは、ヘンリー・ニューカムの経営する学校を経て、ケンブリッジ大学クィーンズ・カレッジへ進学するが、ここで人生の転機をはじめて味わうこととなる。父が亡くなったのち、次期学長となったアイザック・ミルナーの大学改革の犠牲になり、クレア・カレッジへの転校を余儀なくされてしまったのである。大学に奉職することをあきらめたプランプターは、英国国教会の牧師になるが、高等学校からの希望であった戯曲家への夢を次第にふくらませていく。ノリッジではドイツとイギリス文化の仲介者であったウィリアム・テイラーを中心指導者にした文化運動がおきていて、劇、小説、詩を創作する文学サークルが形成されていた。姉のアン、アナベラとともに、ジェームズもこのサークルに属し、文学活動に参加することになった。処女作『修道院での出来事』（1793）は観客から熱烈な支持をえたが（『ノリッジ・マーキュリー』一七九三年一月一九日号）、次作の悲劇『オズウェイ』（1795）は上演にはいたらなかった。非国教会派となってフランス革命に共鳴して急進派になった姉たちとはちがい、ジェームズは政治にさほど関心をはらうこともなく、人々の道徳を高揚させることを目的として劇作を中心にした活動をつづけ、『観劇講話四篇』（1809）、『イギリス戯曲

図24　J・プランプター

精選』（全三巻、1812）などを著した。一生涯妻帯せず、静かな聖職者の態度をくずそうとはしなかった。

聖職者としての波乱のない生涯のなかで、大きな冒険が試みられた一時期がある。一七九〇年から一八〇〇年に到るまでに試行された旅行のうちで、一七九九年の旅行は規模、質のうえで他を圧倒している。四月末に出発し、九月末に帰宅するほぼ五ヶ月にわたる旅行であるが、全行程二二三六マイルのうち一七七四マイルを徒歩でこなしたことは注目してよい。

一七九九年の旅の主目的はスコットランド周遊であった。一七四五、四六年のジャコバイトの反乱が鎮圧されたのち、スコットランドにたいする関心がイギリス国民のあいだに広がっていた。ジェームズ・マックファーソンの古詩『オシアン』真偽論争、ロマン派詩人がつむぎだしてくる作品群、ウォルター・スコットの歴史小説によってスコットランド観光の気運は上昇するばかりであった。プランプターもそうした時代思潮を敏感にかぎとり、反応している。旅行記の付録として『オシアン』論争の是非、スコットランドの村で採集したオシアン風な詩作品の断片を収録しているほどである。そして何よりも旅心を衝き動かしたのは、前章でとりあげたピクチャレスクという美意識であった。

プランプターの旅の行程は、ヒンクストンを出発し、ヨークを経由してノーサンバーランド海岸を通過し、エディンバラに入り、その後、ハイランドに到り、湖水地方にしばらく滞在したのち、帰路を北ウェールズから下り、ミッドランドを経てバーミンガムに到着し、帰宅するというものであった。一八世紀末の典型的なスコットランド周遊ルートといえよう。ルートも典型的であるなら、準備のために参照した先行の旅行記、ガイドブックの類もこれまた典型的な旅行書をひもといている。一大権威であったサミュエル・ジョンソン博士の『スコットランド西方諸島の旅』（1775）と博物学者トマス・ペナントの『スコットランド、ヘブリディーズ諸島の旅』（1774）を熟読し、とりわけ前者を範にして同じような行程を組んでいるほどである。ベストセラーであったトマス・ウェストのガイドブック『湖水地方案内』も忘れずに携帯し、たえず参照している。

旅の関心も、当時の旅行者とまったく同じであるといってよいほど似通っている。ピクチャレスク・ツアーが流行している最盛期にあったため、山や滝といった自然風景を愛で、城や庭園を訪れ観賞し、旅行熱を満たしている。庭園理論の主唱者ユーヴデイル・プライス、美学者リチャード・ペイン・ナイトのもとを訪れ、庭園を見学しピクチャレスク観賞にも余念がない。この旅行の余波か、翌年一八〇〇年にはピクチャレスク運動の唱道者であったウィリアム・ギルピンの自宅を訪れ、親しく会話を交わしているほどである。だから当然、絵画道具一式、スケッチ帳、望遠鏡などとともにクロード・グラスも忘れず携帯している。

先ほど紹介した『湖水地方のツーリスト』のなかで、熱心な植物採集者にしてゴシック小説作家であるベカバンガ・ヴェロニカなる女性ツーリストを登場させ、絶景を目の前にして興奮して、「眼鏡、私の眼鏡はどこ？　私のグレイ・グラスはどこに？　そう、クロードやプッサンでは合わない。私のクロード・ロラン・グラスは一体どこに？　もしくは濃淡の強いギルピン・グラスでこの壮麗な美景を収めなくては」と絶叫させている。クロード・グラスとは、フランス人画家クロード・ロランにちなんで名づけられた小型の携帯用の鏡である。ピクチャレスク・ツアーには必ず持参しなければならない品だった。見たい風景にまず背を向けて、鏡をかかげ風景をやや広角的に映しだす。手で微調整しながら、鏡のなかに映る光景がクロード・ロランの絵にそっくりになりかけると、ピクチャレスク美が「完成」する。ここで問題なのは強制的に光景を切りとる枠縁である。この枠は絵画の額縁と同じ機能を果たし、枠内に映る世界を演出するからである。じっさいクロード・グラスにはこの女性の言葉にうかがえるように、いろいろな種類の枠縁が用意されていた。

ところで、なぜプランプターは馬車旅行をせずに、ほとんどの人々がしない徒歩旅行をあえて選択したのであろうか。そもそも「徒歩旅行」という言葉自体が時代遅れになっていて、懐古的な響きをもつ言葉になってしまっていた時代に。馬車旅行とくらべると、はるかに安上がりな旅の方法であることはたしかであるが、徒歩で旅するのがはばかられる社会習慣からみても一考をせまられる選択肢である。プランプターが徒歩旅行をあえて選んだのは、時代精神に負うところも大きい。詩人ワーズワス、コウルリッジたちが積極的に行なった徒歩旅行の影響力は、プランプターの世代にも深く浸透しつつあったのである。ロマン派詩人が賛美する自然観に共感する面もあったにせよ、プランプターは、深い思索と高邁な思想を支え、豪奢をさけ質素に人間らしく生きる生活ぶりにもっとも惹かれ心から賛同していたのであった。すでに旧習になずむようになっていた時代に、プランプターが徒歩旅行をあえて実践しようとした理由はワーズワスたちが唱えていたように思索を深める一手段として考えていたからにほかならない。このような考え方の延長で行なわれるプランプターの徒歩旅行は質実そのものである。身につける衣服、口にする食物、宿泊する旅宿にいたるまでおしなべて「質素」である。瀟洒、豪華、華美を暗示するようなものはことごとく否定される。だからウェールズ地方を旅行中、パン、チーズ、ゆで卵の食事がいかにすばらしいご馳走かと手放しで喜んでいる描写に出会うことになる。湖水地方のさる政治家宅に招かれたとき、供されたのは大麦パンとミルクだけだったが「すばらしい食事だ」と心から満足している。

食事だけではない。旅宿にしてもプランプターの選択はかわらない。いつも質素な宿をとっているが、ここでいう「質素」には「小綺麗」という意味は含まれていない。プランプターの記述によると、それはベッドの下で「尿瓶《しびん》の中味が始末されていなかった」り、酔っ払ったビール職人と相部屋になり、一晩中酒くさい息に悩まざるをえなかったりしているからだ。湖水地方を訪れてもできるだけ土地の人々の家、つまり民泊を心がけている。

プランプターの徒歩旅行は、瞑想、黙考を通じて自分自身を、ひいては人生を観照する自己省察の旅であった。この主目的を実現するために多くの場所、人物への訪問を考えていた。たとえばウェールズの「スランゴスレンの貴婦人たち」への訪問は、その意図を明確に伝えている。「スランゴスレンの貴婦人たちへの紹介状があったので、折り返し、お茶への招待状がすぐに手元へとどいた。ただちに邸宅へあがると、ケンブリッジ大学トリニティ・カレッジのチャッペロー師、スタンレー夫人とその娘に出会う。文学談義にふけりじつに愉快な一夕であった。宿に午後一〇時帰舎」（八月二三日）、「邸宅で一一時に朝食。貴婦人たちは早起きだが、すでに面会客で立てこんでいた」（八月二四日）と旅行記にある。

スランゴスレンの貴婦人たち

スランゴスレンの貴婦人たちは、まさに一八世紀末のイギリス・ロマン主義を体現した現象であるので、ここに詳しく述べておこう。

エレナー・バトラー（一七三九－一八二九）は、ウォルター・バトラーの娘としてフランスのコンブレで生まれた。当時、裕福なカトリック教徒の子女はヨーロッパ大陸で教育をうけたが、エレナーも例外ではなかった。フランス啓蒙思想とベネディクト派修道院の影響を多分にうけた感性ゆたかな少女は、自由思想に心酔し、反宗教的な態度をみせはじめる。フランスからアイルランドへもどってきた少女にとって、旧弊なカトリック制度は唾棄すべきもので、神父にいたっては反目の対象でしかなかった。宗教に支配されたような生活をおくる両親との一二年間は、エレナーにとって挫折にみちた、幽閉の日々であったにちがいない。孤独にさいなまれた独房のような暮らしから逃げ出したいと切望していた彼女（すでに三〇歳になろうとしていた）のまえに、ひとりの少女があらわれたのである。

セアラ・パンスンビィ（一七五五－一八三一）は、ベスバラ伯爵の従姉妹、シャンブル・ブラバゾン・パンスンビィの娘で、キルケニーの学校へ転校してきたばかりの、一三歳の学童である。キルケニーの街で孤独なふたつの魂が邂逅し、不思議な絆が生まれた。ふたりを結びつけたものは、芸術とルソーの自由思想であったかもしれないが、底知れない「孤独」が両者のつながりを深めていったのである。お互いが別々に暮らしていたのでは幸福になれないと確信したのだった。

でもふたりがいくら決心したところで、両家の家族はそのような不始末を許すわけがなかった。セアラは遠縁のもとにあずけられ、エレナーは未来の夫を見つけるべくフランスのコンブレにもどされてしまう。だが、この別離はふたりの結びつきをいっそう強める役割しかはたさなかったようだ。一七七八年三月三〇日深夜、男性に変装し、ピストルを装備したふたりは、手に手をとって逃避行を企てた。港まで二マイルのところで両親の追っ手につかまり、押しもどされてしまう。何度かこうした逃避行をくりかえしているうちに、両家の親はしだいに軟化し、ふたりの同棲を許すところとなった。心の摩擦をどのように解消したかはわからないが、ふたりはウェールズの寒村スランゴスレンで暮らしはじめたのだった。［図25］

図25　「スランゴスレンの貴婦人の館」(プランプター描)

生活時間をきびしく規定して、厳格そのものの生活をおくり、生活費も最小限に切りつめ、読書や造園を通じて自己研鑽につとめ、修道院のような清貧の生活を実践した。やがて世の人々はふたりを隠者と呼ぶようになっていた。

共同生活を開始してほぼ二年後、ふたりを讃美する民衆の声を耳にしたシャーロット王妃が手紙で、家屋と造園について問い合わせてきたのを皮切りに、ウェリントン公爵が来訪し、詩人ウィリアム・ワーズワス、ロバート・サウジー、アナ・シィーウォードがふたりを顕彰する詩を書き出したのである。陶器王ジョサイア・ウェッジウッドは岩のうえに立ち演説をぶち、ナチュラリストで詩人のエラズマス・ダーウィンは孫チャールズ・ダーウィンを従えて、また小説家のウォルター・

スコットもふたりのもとを親しく訪れたのであった。詩人バイロンは聖歌隊員ジョン・エトルストーンに宛てた「恋文」のなかで、「自分たちの愛はスランゴスレンの貴婦人たちにも負けないくらい強い」とひそかに告白し、詩人として世に名を成してから、劇詩『海賊』(1814) をふたりのもとへ送り届けている。

スランゴスレンの貴婦人に注目したのは芸術家だけではない。ジョージ三世は特別年金を贈り、ルイ一六世はエレナーに王冠を贈呈し、ドイツの著述家ピュクラー・ムスカウ（一七八五－一八七一）は「ヨーロッパでもっとも名高い女性」と惜しみない讃辞をおくったのであった。

なぜこれほどまでにふたりが世の注目をあつめ、讃美の対象になったのか、これは不思議なことである。この初老と中年の婦人は芸術家でもなければ作家でもなかった。また美人ともいいがたく、どちらかといえばやや肥満気味でさえあった。ふたりが人々を惹きつけたのは「伝説」に負うところが大きい。同じ年の同じ日に孤児として生を享けたという噂もあった。男性の身なりをして世をしのび、その隠棲ぶりからスパイではないかという噂まで流れた。こうした根も葉もない噂が助長され、スランゴスレンの貴婦人たちの伝説が形成されていったのである。この伝説は今日のフェミニストたちにも訴えるところがあるのか、かなりの支持をえている。［図26］

ふしぎな隠棲生活、ふたりの奇妙な関係、「プラス・ネワイズ（新しい館）」とよばれたゴ

図26　スランゴスレンの貴婦人

シック式建築の邸宅、骨董品の数々など、噂が噂をつくっていく下地は十分あった。ひとつの噂はどれをとっても真実ではなかったが、噂の断片は次の断片と結合してさらに大きな噂にふくらんでいった。ただ「ふたりは深い友情をはぐくみ、世を避けて暮らしている」という評判は固定し、ゆらぐことのない「伝説」をつくりあげたのである。情熱の解放を謳ってロマン主義の父と呼ばれたフランスの哲学者ルソー流の隠遁生活に、かぎりない憧れを抱いていた人々は、スランゴスレンの貴婦人たちを、聖人へと祭り上げていったのである。スランゴスレン詣《もう》でがたえなかった理由は、このあたりにあるのではないか。

だが現実の「隠遁生活」は、それほど情感あふれるものではなかったようだ。ふたりにそそがれる好奇の目にはたえがたいものがあったであろう。ロマン主義が横溢する時代にあって、この「ロマンチックな友情」は作家、思想家たちからひとつの理想像としてたたえられたが、本人たちはいたって現実的であったことを忘れてはならない。ふたりはフランス革命をことさら支持していなかったし、婚外子を身ごもったキッチンメードを解雇するくらいの、「保守的な」考え方をしていたのだから。

悪路整備が高じて道路建設へ――ジョン・メトカーフ

プランプターは徒歩旅行に出るまえに入念な準備をしている。自分が面会しようと予定している人物についても例外ではなかった。知人からの情報をあつめ、実りある会談にしようと腐心していた。ジョン・メトカーフ（一七一七―一八一〇［図27］）にかんしても、その伝記（『ジョン・メトカーフ伝――「盲目のジャック」の生涯』［1795］）を熟読して、人となりを理解しようとしている。この高名な道路建設業者にこれほどまでの興味をなぜ抱いたのか、その原因はひとつではないと思えるが、とにかくこの人物にたいして並々ならない関心をむけていた。プランプターが旅行記のなかに描いた人物像と伝記の記述を比較してみると、プランプターの関心のありかがよく見えてくる。

図27　ジョン・メトカーフ

ジョン・メトカーフは一七一七年八月一五日に生まれたが、四歳で小学校に入学してから二年目に天然痘のため失明してしまう。光を失ったにもかかわらず馬を乗りこなし、水泳にたけ、トランプも玄人はだしであった。賭け事が大好きで闘鶏、競馬に熱中した。ヴァイオリンとオーボエの名手でもあって一五歳のときから、ハロゲートを訪れる人々から演奏料をもらい生計を立てていた。商才に長けていて、すでにこのころから馬の売買をしていた。この情熱は女性にも延長していき、多くの恋愛を重ねたらしい。

二〇歳の折、地元の宿屋の娘ドロシー・ベンソンを見初め、結婚の約束までこぎつけるが、ほかの女性と無分別をしでかしてしまい、地元ハロゲートの街にいられなくなってロンドンへ追いやられる羽目に。ところがロンドンで道路管理にたずさわっていたリデル大佐の知遇をえて、数々の商売を成功させていく。ある日、ロンドンからハロゲートへの同行を大佐から求められたメトカーフは、「馬車で行くあなたと、徒歩で行くわたしのどちらが早く到着するか、賭けようではないか」と大佐に挑戦した。結果は二一〇マイルもの道のりを五日と半日で歩き抜いたメトカーフに勝利の女神が微笑んだ。ハロゲート周辺の道が悪路であることを熟知し、また、いつもハロゲート＝ロンドン間を歩きまわっていて、一度通過した道は絶対に忘れないという自信があったためであった。プランプターの興味をそそったのは、盲人であるという事実のほかに健脚の主であったことであろう。そして、もうひとつ、それは道路建設の実践者でもあったからである。道路状況について旅行記のなかで何度も言及がなされているが、プランプターはつねに地域と地域を結ぶ道路に目を注いでいた。

一七三九年、ハロゲートの町にもどったメトカーフは、ドロシーが結婚寸前であることを知った。自分にたいして変わらぬ愛情を抱いているのを知るや、結婚式前日、ふたりは逃避行することとなった。プランプターはこの一件がよほど気に入ったのか、「メトカーフは盲目を理由に人の助力にすがりはしなかったが、駆け落ちの合図である窓辺においたロウソクの火を確認するときには、さすがに友人の手をわずらわした」とわざわざ注記している。

ドロシーと家庭をもったメトカーフは四人の子供に恵まれ、駅馬車事業に着手する。たんに人間を運ぶだけではなく、鮮魚を内陸の都市リーズ、マンチェスターまで輸送する仕事も手がけるようになる。一七四五年、ジャコバイトの乱が起きるとヨークのソートン大佐の軍に参加してフォルカークの戦いにも参戦した。商才にたけたメトカーフは、従軍中であるにもかかわらずスコットランド織物を買いつけ、また軍隊の用品運搬にも手を出している。一七五一年、三四歳の折、ヨーク＝ナレズボロ間の郵便馬車事業に参入するが、このときに生涯を決する事業を見出すのである。新しい交通手段に参入するには悪路を補修改造し、また新道路を敷設する必要を痛切に感じたのであった。

一七五二年の第一次ターンパイク法によって、ボローブリッジ＝ハロゲート間に有料道路を通すことになった。この機をとらえたメトカーフは、測量技師トマス・オーストラーに接近し三マイルごとに料金所を置くように提案した。斬新な考え方にうたれた関係者はさらに新しい橋の建造をもメトカーフに委嘱してきた。一七五四年八月に架橋し、五〇〇ポンドを手にすることになったため、郵便馬車事業を売却し、道路建設に一身をささげる決心をする。その確実な仕事振りが評判をよび、ランカシャー、ダービシャー、ヨークシャー、チェッシャーの各地から道路建設の依頼が殺到するようになったのである。

メトカーフはハロゲート周辺が湿地帯であることをよく理解していたため、ヒースとハリエニシダを敷き、そのうえから土をかぶせるといった新工法を編み出した。九マイルの道路をつくるのに四〇〇人の作業員を動員し、この工法によって仕上げたが、その後二〇年間補修の必要がないほどの完成度を示したという。二一マイル道路を四五〇〇ポンドで、二六マイル道路を六五〇〇ポンドで請け負い、つぎつぎと道路を完成させていった。メトカーフは生涯をかけて一二〇マイル以上の道路を開通させ、四万ポンドを手にした。この才覚は盲目であるがゆえに慎重をきわめ、細部にまで神経をゆきとどかせた結果であった。

ジョン・メトカーフが道路建設によって地域文化の担い手になった事実はプランプターの心をとらえたのであった。メトカーフは面談中、プランプターが視力を失った惨禍に言い及ぶと、「神様はその人間に最善を授けて下さいます。この視力を失っていなければ最悪の事態が身にふりかかっていたでしょう」と静かに語った。牧師であるプランプターは彼の言葉にいたく感銘したのか、「ジョン・メトカーフは四人の子供、九人の孫、三五人のひ孫に恵まれ幸福であった」と旅行記のなかで感慨深く記述をしめくくっている。プランプターは盲目にもかかわらず原野を歩きまわるメトカーフに、自分とはちがう歩行のあり方を見出し、感銘を受けたようである。

ツーリズムの産業化

前節のはじめに、旅は時間もお金もある、限られた人々のためのものだったと述べたが、限定されているとはいえ、旅行は着実に広まっていった。

徒歩旅行家プランプターはツーリズムの産業化の現実にも鋭い視線をなげかけている。湖水地方の周辺に数ヶ所開設されていた「博物館」にかんする記述は、観光産業が現代と同じようなかたちで、熾烈に展開されていた現実を垣間見せてくれる。

「夕食後、クロスウェイト博物館まで歩いていった。旧友の提督が不在であったのは残念だが、健康を害しているわけではないらしい」(八月二日)と旅行記にはあるが、提督クロスウェイトとはピーター・クロスウェイト(一七三五－一八〇八)のことで、極東で四年間軍役についたのち、ノーサンバーランドで税関吏を数年間つとめて、一七七五年に郷里ケジックにもどってきた。湖水地方にピクチャレスク・ツーリストが群がるさまを目にして商魂たくましく、ケジックの地に博物館を開設し、観光客が求める品を販売していた。クロスウェイト自身が「ツーリスト・ビジネス」とよんでいた実態を、プランプターが明らかにしてくれる――「湖水地方の全眺望をおさめた自作の地図、ウェストのガイドブック、硬貨、光沢のある鉱物、植物標本などが展示即売されていて、なかでも陶磁の鐘はすばらしい。ところが雑多なものを並べ過ぎていて、世界の煙草パイプコレクションなどがあるのはいったいどうしたことだろうか。また自分の姓を一六通りもの綴り字で書き表しているのには首をかしげざるをえない」。

クロスウェイトの自作の地図には、著者である自分のことを「ケジック艦隊提督にしてケジック博物館長」と記し、同時に「湖水地方観光でのツアーガイド、船長、地図作成者、水路測量士」という肩書きまで付け加えていた。最大のヒット商品は『湖水地方七景』で、「ダーヴェント湖」「ポックリントン島」「ウィンダミア湖」「アルズ湖」「バセンスウェート湖」「コニストン湖」「クラモック湖」を網羅していて、かならずウェストのガイドブックにある、湖の絶景をおさめる「ステーション（眺望所）」が書きそえられていた。一七八三年に出版され、一八一九年まで何度も版を重ねるほど需要があった。

ところがプランプターはつづいて面白い記述をのこしている。「ケジックにはもうひとつ博物館があり、ガイド兼植物採集者のハットンが経営している。そこにはすばらしい植物や化石の標本が展示されている。ただ困ったことにクロスウェイトとハットンは犬猿の仲なのだ」。つまり湖水地方には、すでに観光業者同士が反目しあうほどの競争があったのである。ハットンと組んだジェームズ・クラークは、湖水地方に何軒かの宿を経営し（一七八七）、ガイドブックも作成、販売していた。クロスウェイトはクラークの「ガイドブック」を記述が正確でないという理由で博物館では販売しなかったが、どうやら理由は他にあったらしい。クロスウェイトはジョゼフ・ポックリントンと組んで観光業を幅広く展開していた。ポックリントンのことで軽口をたたいた観光客に、クロスウェイトは断固として商品の販売を拒否した、とプランプターは書きそえている。なお、クロスウェイトが厳しいコメント、罵詈雑言《ばりぞうごん》をとめどもなく書きつけたクラークの「ガイドブック」が、バロー・パブリック・ライブラリーに今日でも架蔵されている。

プランプターの徒歩旅行は産業革命が浸透し、囲い込み運動が国土全域にいきわたろうとしていた時期を克明にとらえている。その徒歩旅行の記録は、そうした激動期に生きたひとりの牧師の価値観、感性を、歩くことによって確認しようとした証言とも読みとれるのである。一七九九年の徒歩旅行記の冒頭で、旅行者は馬車に乗っていては何も見えない、自分の足で歩いてはじめて見えないものも見えてくると、自戒をこめて記しているのはきわめて印象的である。

4　歩くことは詩そのもの

前節で、徒歩旅行は、一八世紀末におきていたロマン主義運動の精神的な支柱になっていたことを指摘したが、ここでは実作にそって詳しく見ていこう。多くのロマン派の詩人がこぞって「歩く」意味を追究しはじめたのである。

空想の中でも歩く——詩人コウルリッジ

はじめに、歩行が生きることへの賛歌と密接に結びついた例を紹介しよう。

ワーズワスと親友の詩人サミュエル・テイラー・コウルリッジ（一七七二－一八三四）の家庭でおきた「不慮の事故」が原因となって、歩行と詩の関係を追究したこの有名な詩が書かれたことはいささか皮肉である。

その朝、コウルリッジの家へ随筆家チャールズ・ラムと近所に住んでいるワーズワス兄妹が訪れ、四人で野山を散策する予定であった。ラムは姉メアリが精神に異常をきたし母親を殺害し、施設に収容されるという痛ましい事件に遭遇したばかりで、コウルリッジとしてはなんとか友を力づけようと、ささやかな徒歩旅行の計画を立てたのであった。そしてワーズワスとの散策がどれほど心おどるものかコウルリッジ自身がもっともよく知っていた。ワーズワスとの語らい、散策の愉しみを求めて、わざわざ一家で詩人の近くまで引っ越してきたほどなのだから。

ところがよりによってその朝、妻がコウルリッジの足の上に煮えたぎったミルクをこぼしてしまったのである。さいわい火傷は軽微ですんだのだが、さすがに散歩には出かけられない。仕方がないからコウルリッジは自宅に居残ることとなり、他の人たちは喜びいさんで目的の渓谷めざして野に消えていった。当然、待機を強制されたコウルリッジは鬱屈した気分に沈んでいく。その気持ちはタイトルに示唆されている。題して「シナノキの木陰は監獄」

（"This Lime-Tree Bower My Prison"〔1797, 1800〕）。むろん「監獄」は文字通りの意味ではなくコウルリッジの参加できなかった悔しさを強調した言葉である。庭の木陰で待機を余儀なくされたコウルリッジのやるせない気持ちがこのような強い表現になったのであろう。コウルリッジにしてみれば文字通り「幽閉」されたような気分に落ち込んでいたのだから。

詩はおいてきぼりをくった悔しさと所在なさを愚痴るところから書き出される。目的地を熟知している自分を差し置いて、楽しんでいる友人に悔しさが向けられるのは無理もない。年老いてからいつまでも心にのこる甘美な「あの美しい友情」が永遠に失われてしまったと嘆く。「ヒースの野に、丘の頂きをめくるめく思いで飛びまわっている友人たち」を許せない気持ちがつのってくる。「生涯、あの連中とはもう会うこともあるまい」とまで突き放した気分になってしまう。

木陰で友人の散策に思いをはせている詩人の想像は、友人たちの動向を捉え、一体化して、空想のなかでの散策をつくりだしていく。一行は昼なお薄暗い小さな谷間にたどり着く。狭く、深い鬱蒼とした、陽のさしこまない小さな谷には、トネリコが岩から岩へ細い体をもたげている。濡れそぼった黄葉は滝の飛沫にあおられてゆれ、濃緑の雑草もお辞儀をするようにぬれている。友人チャールズの心情を思いやって、このような表現をとったのであろうか。ここには自然のさわやかさがない。谷間のわずかな空間に自生する雑草が「濡れそぼちながら、どれも一様に頭を下げている」のはむしろ陰鬱きわまりない。

次の情景では友人は一転して、明るい青空のもとに出てくる。そして「尖塔が点在し、起伏した野原や牧場が一帯に広がり、遠くに白い帆をふくらませた帆船が目に入る」。この光景をもっとも愛しているのはチャールズにちがいない。ロンドンで幽閉されたような生活を強いられている彼こそが全身で歓びを表しているはずだ。「あの異常な事態」を何とか切り抜けて欲しいと願わずにはいられない。詩人は友を励ますために、自然の力にすがろうとする。輝かしい太陽、落日の斜光、遠くの森、青い海原よ——わが友に力を。その自然のまえに友は感動し、「光の海を漂い」、歓喜につつまれるだろう。

自然のなかで友人が再生する場に立ち会いながらも詩人には思いもかけない情感がわいてくる——むしろ散策に行かないでよかったのではないか、と。

ここでコウルリッジには強い衝動がわいてきた。自然と一体化し、自己を昇華し、観照する営為はなにも自然と直面しなくても果たされるではないか、むしろこのシナノキの木陰に閉じ込められて、目の前の木の葉を凝視している方がはるかに自然と接しているのではないか、といった気持ちを抑えることができなかった。「監獄」にも等しかったシナノキの木陰は自然そのものである、と気づくのである。

夕映えの下、葉全体が色薄く透け

陽がそそぐ幅広の葉　頭上の葉と枝が
　陰を地上におとしている
　　なんと美しいことか

周囲のクルミの木、楡《にれ》の木立、木ヅタそれぞれが夕闇のなかで自己の存在を主張し、圧倒するような色調で目のまえに迫ってくる。詩人をつつみはじめた帳《とばり》も精妙な色をかなでている。

植物だけではない。コウモリが羽音を立てはじめ、ツバメのさえずりはやんだが、蜂が一匹、豆の花のなかで羽音をたてている。身近な昆虫、小動物にまで想像をめぐらせ、それらが自然の一部となって浮かび上がってくる。

詩人に天啓が降りてくる瞬間が訪れる――純粋な心で自然に対峙すれば、自然はいつも応えてくれる。とぎすまされた感覚で愛や美に接すれば自然はかならず報いてくれる、という確信をコウルリッジは得たのであった。

詩人コウルリッジと友人ラムに個別の視点をすえて、空想のなかで散策をしながら詩作を織りなしていくこの詩は、まさに歩行のなかでリズムをかなで、意味をつむいでいく過程をつぶさにみせてくれる。失意から語りはじめられたこの詩が、生きる歓びをつたえ、「生きること」("Life")を謳歌して閉じるのはじつに意味深長である。

この頃、ウェールズには国教会牧師でナチュラリストのウィリアム・ビングリー(一七七四―一八二三)、ジョゼフ・ハックス(一七七二―一八〇〇)、美術愛好家のリチャード・ウォーナー(一七六三―一八五七)などが住んでいて、自分たちの散策を著述と結びつけようとした。ハックスの友人のひとりにコウルリッジがいたのだった。一七九四年六月半ば、ふたりは北ウェールズへ徒歩旅行を敢行した。コウルリッジは自己の哲学的思索の多くを膨大な備忘録に書きつけていた。そこには歩行と身体の関係、歩行と風景といったテーマのもと深い思念が展開されている。コウルリッジは歩行と詩作について詩「孤独の怖れ」のなかでも「シナノキ」と同じような詩想を書きのこしている。後年、健康上の理由から散策を止めて以後、コウルリッジは歩行のリズムをとった自由詩をいっさい書かなくなった。

さまようこと、すなわち情熱――ワーズワス

だが歩行と詩作のテーマは、ロマン派詩人のなかでさらに醸成されて、ジョン・キーツ(一七九五―一八二一)にとっても大きな問いかけとなり、詩、日記のなかで何度も検討されている。歩行と詩の関係を最大限に拡大してみせたのは言うまでもなく、ウィリアム・ワーズワス(一七七〇―一八五〇[図28])であった。

ワーズワスが歩くことの意義を認め、大きく拡大したことは、歩くという営為と創作の関

係を考えるとき、無視できない問題を提示してくる。近隣の散策からヨーロッパ大陸でのグランド・ツアーにおけるアルプス越えの壮大な徒歩旅行をくわだて、ペデストリアン・ツーリストとして認知されるようになるわけだが、ワーズワス以後三〇年間だけを見ても、コウルリッジ、キーツ、シェリー、ヘイズリットといったロマン主義を代表する作家がすべてペデストリアン・ツアーの熱烈な実践者であった。この伝統はヴィクトリア朝に入り、レズリー・スティーヴン、スティヴンソン、ベロック、エドワード・トマスなどの思想家、作家をえてさらに強化されていくことになる。

まずワーズワスにとって彷徨すること、つまり歩きまわることは生涯にわたって変わらない情熱そのものであったと言ってよい。幼年時代のことを叙述した『序曲』の冒頭では、歩行が何事にもかえがたい「歓び」であったとうたわれている。

図28　ウィリアム・ワーズワス

（まだ九歳にもならない夏、ごく幼い頃）
山の斜面にふく霜と冷風が
秋のなごりをとどめるサフランも枯ら

してしまった頃
夜がふけても崖の間や
ヤマシギが戯れているなだらかな窪地を歩きまわるのが
何よりも歓びであった。

妹ドロシーが記録している「アルフォックスデン日記」のなかにも「食事前に谷間を登り、小川の源へ行き、丘の頂きを通って帰った。にわか雨の朝、丘の頂きで雄大な眺望が眼前に開けていた」（一七九八年四月七日）などといった記述が散見される。夜間や嵐の日もいとわず外出することもけっして珍しくない。歩くことは、どうやらワーズワスにとって日常の習慣になっていたようだ。足で大地を踏みしめることで、ワーズワスは自己と自然の交感をはかっていたのであろう。

今でもはっきり覚えている、うつろいゆく大地が
一〇年の間、変わりゆくその姿を
この精神に深く刻みつけたので
まだ幼いというのに、この頃から
気づかぬうちに、あの永遠の美と交感していたことを。

ごく幼少の頃から歩きまわっているなかで一種の神秘体験をしているのがよくわかる。自然と交感を果たしたワーズワスに「人間本来の、純粋な歓び」がこみあげてくるのであった。こうした自然との交感はひとりで自然と対峙しているとき、いっそう強く意識された。

青年期の大きな歓び、それは
公道をひとりで歩くこと
道が夜のしじまに沈み
道なき場所よりも
深い静寂をたたえている

ひとりになって「深い静寂」に沈潜し、自然が発する音、光を身体に浴び、「田園一面に平和と孤独」が満ちてきて「あたりを見回す」必要がないほどの至福が全身をつつみこむ。「静けさも、目に何も語りかけてこない。ただ耳に感じ、身体に響くだけであった」とワーズワスはうたい、「華麗な幻影が調和のとれた映像」となって現れる瞬間をとらえる。「公道」はワーズワスにとって、幼少時代から大人になっても強い詩的源泉となったようだ。

広い公道が好きだ。これ以上心地よい
眺めはない。少年の頃から
これまで歩いてきたどこよりも
はるか先に、あの木立もない山の向こうに遠く消えていく
一筋の道を見つめていると、
永遠の世界へ、未知の、無限なものへの
道標にも似て
想像力をいたく刺激する

ワーズワスにとって「公道」は自分が構築する詩的世界へ通じる「道」なのである。どこまで続くのかわからない「公道」を凝視していると、自らの想念に遊び、ある葛藤を経て、やがて求めていた詩が現れてくる。「公道」は詩作の「道標」であり、同時に「想像力」をかきたててやまない場なのである。その意味で、公道を歩いていくことは詩作に通じていくのである。

コウルリッジが砂利道か雑木林の脇道を散策しながら詩作するのを好んだのに対して、ワーズワスは直線状のなだらかな小道か、詩想に中断をおよぼさない静かな場所で歩きながら詩をねりあげていった。これはふたりの詩人のそばでいつも鋭い観察をおこたらなかった批

評家ウィリアム・ヘイズリットの証言である（『詩人たちとの会話』）。

心の満足を求めて――孤独にストイックに

小説家にして『ジキル博士とハイド氏』（1886）の作者としても有名なロバート・ルイス・スティヴンソン（一八五〇－九四）。彼のエッセイ「徒歩旅行」（1876）は、そのエッセイでも言及されているウィリアム・ヘイズリットの「徒歩旅行に出る」（1822）、ヘンリー・デイヴィッド・ソローの「ウォーキング」（1862）とともに、歩くことの意義を問い直した有名なエッセイで、ウォーキング文学の「聖典」とあがめられている。スティヴンソンの「エッセイ」は、これまで検討してきた「歩くこと」の意味を問い直し、歩行と思索がいかに深い関係にあるか、歩行が思考をいかに活性化するかを述べた一文である。本書のテーマのうえから興味深いのは、イギリス人が偏愛してやまない田園の美を冒頭から否定していることである。そもそもスティヴンソンは、スコットランド人でイギリス人の田園賛美を快く考えていなかった気配がある。ちょうどこの作品と同じころに書いた都市エディンバラの案内記があるが、その副題にピクチャレスクと謳われているものの、まったくもってその言葉とは裏腹の皮肉な記述が延々とつづく。だが、スティヴンソンは田園やアルカディアの理想を否定しているのではない。それどころか、伝統的なこの概念の真意を追究しようとしたのではあるまいか。

このエッセイは思想史家レズリー・スティーヴン（一八三二―一九〇四）が主幹をつとめていた文芸誌『コーンヒル・マガジン』に掲載されたが、歩く思索家スティーヴンにして、はじめて価値を認めることができたのであろう。スティーヴンは、ヴィクトリア朝の著名なアルプス登山家で、健脚でならし、その「ウォーキング礼賛」（1902）のなかで歩行と詩の関係に論及している。自慢めいた話は口にしない性格だったが、スティヴンソンの文才を発掘したのは自分であるとよく回想していたという。ふたりを結びつけた共通項はほかならない歩行であった。

スティヴンソンのエッセイ「徒歩旅行」は、出発から到着までの過程を追いながら、旅する〈自己〉をつぶさに観察し、「歩くこと」の意味を分析した文章である。出発のときの感興から歩く速度はもとより到着時におとずれる陶酔感をも、たえず歩行と精神を関連づけながら論じていく。

まず、ひとりで深い思索にひたるためには徒歩旅行は単独でいかなければならない。このようなことが目的になるのだから当然、風景を愛でるような姿勢は否定される。徒歩旅行は田園の風景を愉しむための一便法であってはならない。風景を見ようとするならば汽車に乗るべきである。「汽車の窓からの景色ほど生き生きして躍動するものはない」からだ。徒歩旅行の真の理解者は、絵のように美しい景色を求めているのではない。ここに田園の否定、ピクチャレスク・ツアーの批判をみるのはたやすい。スティヴンソンは従来の伝統をここで問い直そうとしている。心の満足を求めて旅に立つ。出発する時の希望と元気、到着時の平和と充足を求めて旅に出るのだ。歩行はあくまでも自己充足の行為としてとらえられている。だからこの目的を果たすためには出発時と到着時の感興が同じでなければならないのである。ひたすらゴールにむかって突進するのではなくこの快感を連鎖状態にして維持し、自己を解放しなければならない。歩行の速度は自分が支配するのであって、速度を求めたり距離を競ったりすることは徒歩旅行でもっとも戒めなければならない行為である。健脚の人が自戒すること、美味なキュラソーを大杯で飲んでしまう愚をさけることが必要だとスティヴンソンは忠告している。とどのつまり、自分の速度でもって歩きぬく人にこそ「穏やかな夜」が訪れるというのである。

徒歩旅行は単独にかぎる。同伴者がいるときはピクニックに堕してしまうからだ。単独にこだわるのは自分の自由を確保するためである。行動の自由、すなわちどちらへ行くか、進むか、立ち止まるかは精神の自由を手に入れてからのことである。早足の歩行や小刻み歩きは避け、自分のペースを守って歩かなければならない。「すべての印象を自由に受け入れるようにし、眼に入ってくる対象の色調についても注意をうながすべきだ」。友人と同行するのは「瞑想的静謐」をみずから放棄するにひとしい。「脳が眩惑されて朦朧とした状態から、落ち着いた状態へ変化する特権的なひととき」に身をゆだねてみよう。

旅の初日は苦しい時間がつづく。しかし、やがて旅の精が身体に入ってきて気持ちは一転する。旅立ちほど快い気分がほかにあろうか。スティヴンソンの提唱はつぎに歩き方へと移っていく。

スティヴンソンは、ヘイズリットほどその本質を知りぬき徒歩旅行をきわめたものはいないと、そのエッセイ「徒歩旅行に出る」(1822)の一節を引用する──「頭上には晴れわたる青空、足もとは緑なす芝草、行く手には曲がりくねる道。三時間歩いたら食事にしよう。そしてそのあと思索がまっている。ついうれしくなって声をだして笑い、歓喜のあまり走り跳びあがり、歌い出してしまう」。でも注意も忘れてはいない。大家のヘイズリットの言葉ではあるが、「走り跳びあがる」ことは慎まなければならない。呼吸をみだすことにもなるし、歩調をぶち壊してしまうからだと忠告する。「歩調を狂わせた歩行は肉体にとって快適ではなく、精神を乱し苛立たせてしまう」。精神活動の調和を乱す極端な行動はつつしむべきである。子供のように、朝のまどろみにあるとき考えるように軽く笑いながら考えなくてはならない。

次に歩行をつづけているうちにおそってくる疲労について考える。歩きはじめたときは外気に酔うような気分が支配し、明るい気分になるが、終盤には笑いもおこらなくなる。だが、この疲れのなかにこそ歩行の歓びがあるとスティヴンソンは注意をうながす。「純粋に動物的な快感、肉体的な幸福感、呼吸するたび腿から下の筋肉が引き締まる喜びなど」が歩行者をつつむ。

　スティヴンソンによれば、徒歩旅行における休息や野宿の効用は、歩行に疲れた身体を樹陰に休ませると自然に思索に沈んでいくところにある、という。「思いゆくまで道草を楽しみなさい。至福千年が訪れる。柱時計も懐中時計も捨て去り、時間も季節も忘れてしまおう。時間に拘束されない生き方は永遠の生へとつながっていく」。都会では時計自体があわてふためいていて賭けをするかのように時をつむぎ出している。近代人の宿痾《しゅくあ》は働きすぎである。「徒歩旅行をしているときほどその病が緩和されるときはない」。だから樹陰の休息は自由を満喫することになる。

　到着後に味わう煙草の風味、ラム酒の味わいなどにつづいて読書に言及する。「言葉がこれまで感じたことがないくらい新鮮で調和がとれているのに気づく。だからこのような気分で読書をしていると、文章のひとつひとつが細部にまでわけいっていき、意味を伝えてくる」。その結果、これは自分が書いた本ではないか、と錯覚におちいってしまう。この意味で歩行と読書は相関関係にあり、徒歩旅行の友としてヘイズリットの随筆集、ハイネの詩集、ロレンス・スターンの小説『トリストラム・シャンディ』（1760－67）をすすめよう、と『宝島』の作者は説く。

　スティヴンソンは雄弁に語りかけてくる。徒歩旅行にあっては歩き終わったときから喜びがはじまるのである。「筋肉は気持ちよく弛緩し、清潔で逞しく感じ、何もすることがないので、動いていても腰掛けていても、また何をしても王者のような誇りにつつまれる」。ところが悲しいかな、われわれ現代人は「時計の光かがやく文字盤につきまとわれ」たえず遠大な計画をかかえてしまう。思想の国へ旅するゆとりすらない。「ひとを嘲っているような永遠の沈黙」のなかで何とか生きている証しを見つけようとあがいてみるが、生きている実感などえられない。ではどうすればよいか。じっくりと、観照することである。これが英知と徳を知り、幸福にたどりつける捷径《しょうけい》であろう。

徒歩旅行を終えて感慨に浸る——自分は哲学者か大馬鹿者か、と。いずれにせよ充実したひとときをえたのである。だから明日の旅は旅人を心身ともに無限の世界へ誘ってくれるはずである。

旅行記『旅はロバをつれて』

一八七八年九月二三日から、スティヴンソンは、一頭のロバを伴って南フランスのセヴェンヌ山脈を一二日間かけて縦走した。スティヴンソン二八歳のときであった。この旅の記録こそが今日でも愛読され、多くの読者を獲得している旅行記『旅はロバをつれて』(1879)である。[図29] わが国でも小沼　丹、吉田健一の翻訳で親しまれている。

旅のなかで肉体を極限まで追いつめ、孤独とたたかい、将来への不安をかかえ、信仰心に懐疑がつきまとい、人生をどう生きるか、この時期のスティヴンソンは人生の煩悶にたいして何ひとつ解決をみていなかった。作家として筆でたつ気概も見出せず、鬱屈した日々を送っていた。フランス山中でロバをつれて歩きつづける旅は、まさに心の彷徨であった。

鉄道が近くに走っているというのに利用しようともせず、あえてロバを従えて、しかも徒歩で山中を縦走した、反＝旅行ともいえるスティヴンソンの旅の魅力はどこにあるのであろうか。じっさい、この旅行記は、その後、多くの旅人を再びこの地に誘うことになった。スティヴンソンが旅をしてからほぼ三〇年後に同じルートを徒歩旅行したJ・A・ハートマンは村人にスティヴンソンのことを尋ねたが、誰も覚えていなかった。ただ、ロバをつれた旅人を何人かは見た記憶があるという（『古きフランスを訪ねて――ロバート・ルイス・スティヴンソンの足跡をたどって』［1907］）。その後も追体験しようとする旅人は跡を絶たない。ロバート・スキナーの『旅はロバをつれずに』（1926）、アンドリュー・J・エヴァンスの『セヴェンヌ山縦走――スティヴンソンとモデイスティンの跡をたどって』（1965）などはその代表例である。またリチャード・ホームズの『作家たちの足跡を求めて』（1985）は、女性啓蒙思想家メアリ・ウルストンクラフト、詩人シエリー、作家ネルヴァルが旅をした跡をたど

図29　『旅はロバをつれて』

り、追体験をつうじてその作品の真意、作者の心情に肉迫する試みであるが、巻頭に『旅はロバをつれて』がおかれている（初出はイギリスの文芸誌『グランタ』旅行記特集号）。旅行記には愉快な事件、挿話が封じ込められ読者も著者と同行しているような錯覚におちいってしまう。でも、ひとつの疑問がすぐにわいてくる。ロバの扱いにはまったく不案内なスティヴンソンがなぜあえてロバを旅の供にしたのであろうか、と。スティヴンソン一流の韜晦《とうかい》趣味なのか、はたまたダンディズムなのか、それとも深い思慮からでたことなのか。

ただこれだけは言える。このロバには幾重もの意味が重ねられている、と。まず読み出してすぐに気がつくのは、ロバと旅人との距離である。人間と家畜という主従関係を前面に押し出しているかと思えば、すぐに感情移入してしまうのである。このアンバランスさは何が原因で生じるのであろうか。意味の不安定さ、曖昧さはひとえにロバの多重的な意味に原因がある。このロバはけっして旅人の飾りものでもなければ、付属物でもない。

まず、ロバと旅人の距離が限りなく近づく瞬間がある。それは旅人がロバに感情移入するときである。冒頭近くに、微動だにしようとしないロバのモディスティンにたいして鞭をふるう場面がある。

私はなぐる音で気が滅入ってしまった。ちらっと彼女を見たところ、モディスティンは以前私にやさしくしてくれた知人の夫人とどことなく似た顔をしていた。このため、こんな残酷な仕打ちをしてもいいのかという自責の念が増大してきたのであった。これまで前進することばかり考えて情け容赦なく鞭をふるっていた語り手の「私」が唐突なまでにロバに同情をいだく。やさしくしてくれた人への想いが、ロバを介してあらわれているのであろう。それにしてもロバと似ている女性とはどんな人なのであろうか。旅行記のなかにスティヴンソンの恋愛感情を深く読み込んでしまうのは慎まなければならないが、恋の痛手を負った若者が、胸の想いを旅にたくし、何とか語ろうとする努力は、読む者にけっして浅くない共感を誘うのである。

さらに哀切に満ちた一節がつづく――

私たちは、道傍をうろついていたもう一匹のロバと出会ってしまった。このロバがたまたま雄であった。モディスティンも相手もよろこび相まみえた。二匹のあいだに割り入って引き裂き、殴りつけるしかなかった。二匹の青春の夢をたたきつぶした。相手のロバが皮のしたに心意気をひめていたら、この私に歯とひづめでもって襲いかかってきたであろう。せめてもの救いはモディスティンの愛情に価するようなロバではなかったということか。とはいえ、この出来事は、私を悲しませた。ロバの性別がすべてを喚起したのと同じように。

「ロバの性別がすべてを喚起した」云々という最後の一文は、明らかにスティヴンソンの胸中を語ってあまりあろう。そしてスティヴンソンを喜ばせ、悲しませたのは、モディスティンが道中たえず発情期をむかえていたことであった。この旅行記の全篇を通じて愛情、恋愛、性の話題がくりかえされるが、こうした人間的な観察が旅の記述に付加され滋味あふれる旅行記が生まれたといえよう。

スティヴンソンはオズボーン夫人ファニーと滞在していたパリで出会う。このアメリカ人夫人は子供の教育とみずからの絵の勉強のためフランスに来ていた。彼は、一目見るなり恋に落ちた運命の女性に、じつはベルギー、オランダの運河をカヌー旅行していた頃すでに出会っていた。だからその旅行記『内陸旅行』(1878)には、「一日中カヌーを漕いで、夜帰宅して見なれた部屋をながめたとき、愛と死はここにあることに気づく。もっとも美しい冒険はさがすものではない」とあけすけに心のうちを吐露している。この美しい夫人との出会いはスティヴンソンに天にもまいあがる歓びと、焦燥の沼に突き落とされるような絶望を同時にあたえた。離婚調停のためアメリカへ帰国した夫人の面影をいだきフランスへ旅に出たのが、この南フランスでの徒歩旅行であった。だからこの旅行記には夫人への思慕が切々とにじみ出ている。友人シドニー・コルヴィンに宛てた手紙のかたちをとった序文に、書物は読者への手紙であり、友人のみがその真意を理解でき、作品のなかには「愛の確証」が表出していると打ち明け、「読者は切手代を払ってくれる気前のいい後援者にすぎない」と冗談まじりに語っている。

ここでロバの議論にもどろう。ロバは古来、神の属性を表す動物としてとらえられてきた。その意味では精神の安定を求める旅の伴侶としては申し分のない存在である。ではスティヴンソンが文学上の慣用としてロバをつれた旅という形態を何に依拠したのか、という問題に移っていきたい。

スティヴンソンはエッセイ「徒歩旅行」のなかで旅の友として携帯する書物のひとつにスターンの小説『トリストラム・シャンディ』をあげていたが、両者の関係をここで紐解くことにする。

一七六七年一一月一二日、友人ジェームズ夫妻に宛てた手紙のなかでスターンは、旅行記『センチメンタル・ジャーニー』を書いた意図を、「この世を、同胞たちを愛することを世の人々に教えたい」気持ちから発し、作品は「やさしい感情、愛情を主軸にしている」と説明している。旅という営為は人間のこうした情感を自由闊達にさせるのに最適の枠組みである、とスターンは言いたいのである。スティヴンソンに通じる言葉である。

『トリストラム・シャンディ』の第七巻の旅と旅行記の記述にあるように、スターンは、旅程や行程、目的地や観光などの旅の「プロセス」ではなく、旅する人の感情、旅先でおきる情感、旅の途中でかわされる旅人と土地の人々、旅人同士の心の交流をもっとも重要視したのであった。
この第七巻にはロバが登場する。しかもスターンの傀儡とも思える語り手の、ロバに対する並々ならぬ愛情と傾倒ぶりがつつみ隠さずに開陳されるのである。

ところでこのロバという奴は、私には（たとえどんなに急いでいようとも）とうてい鞭を振る気持ちにはなれない動物です——ロバという奴はその顔つきにも物ごしにも、辛抱強く苦しみにたえておりますという文字が、いささかの衒《てら》いもなく書いてあって、それがじつに強力に奴のために弁じ立てるので、いつもついこちらの腕が鈍るのです。……自由の身でいようとつながれていようと、かならず何かこちらからやさしい言葉をかけてやりたくなります。そして言葉は言葉を生む道理ですから（むこうもこちら同然に格別の用をもたぬ時ですと）——私は奴を相手に会話をはじめてしまうのが通例なのです。

「私」の想像力は、ロバの顔にきざまれた皺の具合に応じて応答する言葉をこしらえあげていく、と語っている。つまり、ものを言わぬ相手と雄弁な会話を十分楽しめるというのである。スティヴンソンが孤独に身をさらす漂泊の旅の道連れとしてロバを選択した意図がここで浮き上がってくる——「私の心から奴の心に乗り移って、こういう場合ならロバとしてどう考えるのが人間に劣らず一番自然なのかを察してやるのですが、そういう時くらい私の想像力が活発に働くことはほかには絶えてないのです」。孤独に耐えかねたスティヴンソンがどれほど熱心にモディスティンに語りかけて、無言の励ましに鼓舞されていることか。スターンの語り手はじつに明快に「ロバが相手ですと、私はいつまででも話ができるのです」と言ってのける。すべての生き物のなかで、鸚鵡やおしゃべり鳥などは相手にできず、犬や猿、飼い犬や飼い猫でも話し相手にならないという。飼い犬はしゃべる能力さえあればしゃべるのだが、会話の才能がない、という。スティヴンソンはスターンと同じ血族である。

アルカディアを自身のなかに求めて

精神医学でいう失見当識《しつけんとうしき》のような状態にあって、祈りの描写とすぐ次につづく「天候はくずれ、ひどい寒さである。私はチョコレートを少々かじり、ブランディを一口のみ、寒さで指がかじかまぬうちにと、葉タバコを一本喫した」というような現実の描写が交差し、重層化していくことで、スティブンソンの旅行記は旅人の心情と旅の行程が重なり、豊かな旅を生成していくのである。

旅人である語り手の「私」はシュラールの村を歩きすすんでいく。朝食をすませて日記をつける。ロバのモディスティンには依然として「じゃが芋のように冷たい」感情しかわいてこない。激しい風、何の役にも立たない、荷物を背負うどころかお荷物なロバ、暗いスコットランドよりも気持ちがふさがれるような土地、どれをとっても旅情をかきたててくれるものはない。こんな荒れ果てた地を旅する人がいるのか、と思わず旅の無意味さにかられてしまうのであった。この直後に旅についての印象深い言葉がつづいていく——

私自身はどうかというと、どこかへ行くところがあって旅をするのではない。ただ行くために旅をする。旅をするために旅をするのである。肝要な点は動くということである。我々人間生活の困窮と故障をより身近に感ずることである。この文明の羽根布団から降りて、足下の地球は花崗岩であり、鋭利な燧石《すいせき》が散らばっていることに気づかねばならない。

この一節のために『旅はロバをつれて』はきわめて現代的な意義をおびてくる。旅の目的は旅であることを宣言しているからだ。これは旅についての現代的な意識の表白であるといわねばならない。そしてそうした旅の目的は、自分自身の見せかけの外観ではなく真の現実のすがたを見据えることにある、という。頭のなかだけで思弁を弄し、空疎なたわむれに終始するのではなく、現実から目をそむけるな、と忠告している。田園やアルカディアを自分のなかに求めたスティヴンソンの旅、これぞ究極の旅かもしれない。
暁の母なる青い光、木の葉のそよぎのなかに「私」は目ざめる。再び目を閉じて前夜のことを反芻してみると、何ともいえぬ愉快な気持ちがよみがえってくる。露営を余儀なくされた夜の闇にもかかわらず「私」は寒さなどいささかも感じず、目をさましたときはいつにない爽快な気分にひたっていた。そしてこれまで体験したことのない感慨にふけっていく。

女神にまどわされてイサカ島に取り残されたユリシーズといえども、このように愉快なとまどいは覚えなかったであろう。これまで昔の勇ましい航海者たちが遭遇したような冒険を求めてきたものである。一夜眼がさめてみると島に流されたのかどうかまったくわからないが、ジェヴォダンの森陰にほうりだされていて、地上にはじめてあらわれた人間同様、日ごろから夢見ていたことがここにめでたく実現したわけである。

『宝島』をはじめとする多くの冒険小説に手をそめることになるスティヴンソンであるが、冒険の意義をしっかりと見据えている。冒険は何も遠くに求めるものではなく、自分の身の上、自分の周囲におこるもので、これまで知りつくしていたと感じていたもの、考えていたことすべてが新しい光を発し、はじめて自分の前に顕現してくるかのような感じにつつまれたのであった。

ここでスティヴンソンはふたつのことを示唆している。ひとつは旅の目的は未知の異郷に足を運び、身をさらすことではなく、これまで知らなかった世界と対峙することで旅人自身すなわち自分自身を見出すことにあるということ。もうひとつの点は、スティヴンソンの言葉がいささか興奮して、詩的な言辞でつづられているためわかりにくいが、「地上にはじめてあらわれた人間」という比喩からも推察できるように、エデンの園にすがたを見せた人間に旅人をなぞらえている。人間が初めてこのうつし世を見た瞬間をあらわしているのである。スティヴンソンは本気である。これからつづいていく旅のなかでも神に身をゆだね、覚醒する行為を何度か体験する。全篇をつうじてジョン・バニヤン（一六二八－八八）の『天路歴程』(1678)の一節（「道が不潔でぬかるんでいた。やりきれない。休息をとる宿、飲食店の一軒もない」）がエピグラフとして引用されていることからもわかるように、スティヴンソンの旅はある意味で巡礼の旅路であるといえるのである。ジョン・バニヤンの『天路歴程』が、『旅はロバをつれて』のなかで構成の枠組みとなっているのは明らかである。それだけではない。鋭敏な宗教心を簡潔な筆致で描いたバニヤンのこの寓意物語は、信仰上の悩みをかかえたスティヴンソンに深い天啓となった。欽定訳聖書を連想させる文体もまた影響を与えている。一八世紀の小説勃興の気運をつくったこの作品がスティヴンソンの小説家としての出発点にあった事実は重い。作品世界を図示したウォルター・クレインの挿絵［図30］には、バニヤンの巡礼とスティヴンソンの旅が重層化されて明示されている。山中で遭遇したプリマス同胞教会の信徒である老人の、純朴で、人を疑うことを知らない態度に啓発された愛をめぐる思索は、『天路歴程』の主人公クリスチャンの口からもれ出た言葉としてもおかしくはない。

　愛は盲目である。だからゆるぎない愛、忍耐、人間への信頼を獲得するためには何度も誤解を経験しなければならない。この私が善良な老人を欺いたならば、他の連中も欺きつづけよう。つらい人生を生きて共同の家へたどり着くことがあれば、山中で出会ったプリマス同胞教会の信者に手をさしのべ、握手したい。こう考えただけでもうれしくなってしまう。

自然にいだかれて精神がひとつの感覚になり、自然と交流する美しい描写がある。自然への祈りとも読める。

　屋根の下にいれば、夜は死んだように単調なときである。しかし、戸外に在っては、星や露や芳香を伴い夜は軽やかにすぎる。時刻は、自然の面に現れる変化でそれと知られる。壁やカーテンにかこまれて、窒

図30　『天路歴程』の旅人
(W・クレイン画)

息しそうな人びとにとっては仮死状態にあると思われるものも、野外に眠るものには、やすらかなまどろみとなる。夜もすがら、自然が深く自由に呼吸する音が聞こえる。自然は眠りにつくときですら、振り向いて微笑する。

一八七九年八月七日、スティヴンソンは『旅はロバをつれて』の印税をすべてつぎ込み、大枚八ギニーでニューヨーク行きの三等船室の切符を買い求めた。両親に行き先も告げず、未来の妻ファニーの待つサンフランシスコへ旅立っていった。「もう仕事はごめんだ。放っぽりだし、ひたすら休みたい。……大きな森のなかで息をきらしながら汗を流し、太陽のもと、ただひたすら歩きつづける。夏のそよ風に樹木がざわめく。星降る夜、キャンプをしたい」とある友人にみずからの心境を手紙で伝え、アメリカに向けて出発していった。それは果てしなき旅をめぐることになるスティヴンソンの人生の旅のはじまりでもあった。

第四章　〈イングリッシュネス〉を求めて　ロンドン・ツアー

1　繁栄の都市、ロンドン

〈イングリッシュネス〉の高揚

第三章で見たように人々が田園へ風景美を求めているとき、同時発生的にツーリストの目が都市へ向けてそそがれ、都市を探訪し、散策する人々が生じてきた。これは一八世紀の旅にまつわる文化現象のなかでもっとも注目しなくてはならない現象である。

産業革命により世界都市となったロンドンには、世界中から人や物が集まってくるようになった。たとえば、旅行者が外国から持ち帰ってくる品々、見聞きした記録などは何よりもイギリスと異国を相対化し、差異を生みだす装置となっていった。相対化すれば、その差異はおのずから優者と劣者を区別していく。〈優者／劣者〉のあいだに境界線が設けられるのである。この境界線は水平に広がっていた文化地図を垂直に組みなおし、上下関係を設定してしまう。つまり「優れた文化」と「劣った文化」の二項対立を規定してしまうのである。

異なる文化を劣った他者として卑しめ、たえず自文化を支配文化として作動させる堅固な装置ができあがってしまうわけだ。「外部」から評価される都市、ロンドン。人々はロンドンという最先端のきわめて人工的な都会に、人工的なアルカディアを見たのである。

　イギリスから見た異文化は限りなく甘美な姿をたたえた仮想空間の異文化へと変貌をとげ、イギリス人の思考に合致せず破綻した部分、規定にはまらない部分などは、自国文化に受け容れやすいように変形されていった。異国にユートピアを夢見たり、失われた過去を追慕したり、また空想をめぐらして願望の社会をつくりあげるといった衝動は、イギリス人の意識のなかに旅の姿として定着していったのであった。このような異国を他者としてみるような姿勢はおのずと、内には求心力となって働きかけてくる。自文化の層を均一的な強固なものに仕上げていくとさらに他者が輝きをまし、みずからの夢がふくらんでいったのである。すなわちイギリスをさらにイギリスらしくさせよう、見せようとする衝動力が異国への旅と同時に作用したことは何も不自然なことではない。イギリスの個性、イギリスの独自性をことさら称揚して見せる態度がこの一八世紀の旅を契機として出現してきたのは興味深い現象である。まさに文化は「洗練化と高尚化をうながす要素をふくむ概念である」（エドワード・サイード『文化と帝国主義』）といえよう。そして『オックスフォード英語辞典』が、〈イングリッシュネス〉を定義した用例として、一八三八年に出版された雑誌『ニュー・マンスリー・マガジン』の論説のなかで言及されている「イギリスに生まれたすべての者に刻印されるイングリッシュネス」を初出にあげているのはきわめて示唆的であるが、この傾向を求める社会変動がすでにこの時代よりも早くから認められることは、すでに前章において検討してきた。

上昇していく国勢を機敏にかぎとった桂冠詩人ロバート・サウジーは、イギリス国内をくまなくまわり、〈イングリッシュネス〉を高らかに謳いあげていくのであるが、この〈イングリッシュネス〉の高揚こそ、ナショナリズムにつながっていたのである。やがて〈イングリッシュネス〉の求心地である大都会ロンドンを漫遊して、その体験を旅行記のかたちで記述してみせるのがひとつの流行となり、多くのロンドン探訪記が書かれたのであった。次節で、主要な旅行記を題材に、イギリス人が他者との差異を意識することとなった経緯と、ロンドンという都会でどのようなアルカディアを見出したのかを考察したい。

繁栄の都市、ロンドン

その前に、ロンドンという都市が当時どのような勢いで発展していたのかを振り返っておきたい。

まず大都会ロンドンの規模を確認しておくと、一七〇〇年の人口分布では、イギリス全人口の四分の三が田園に住んでいた。人口五〇〇〇人以上の都市居住者は、一三パーセントほどであった。ところが一八〇〇年になると都市居住者は、人口の四分の一を占めるようになり、一八五〇年には過半数にまで上昇していったのである。そのようななかでロンドンの人口は、一七〇〇年に五七万五〇〇〇人で、ほぼパリの人口と同数であり、ウェールズの全人口が三五万四〇〇〇人だった。ところが、一七五〇年には六七万五〇〇〇人になり、一八〇〇年には九〇万人にふくれあがり、西欧世界でもっとも人口を多くかかえた大都市へと変貌したのであった。

次は社会構成についてである。諷刺画家ロバート・クルックシャンクがイギリス見聞録『イングリッシュ・スパイ』（1825）の挿絵として描いた社会構成図は、一八世紀イングランドの階級社会を余すところなく伝えているが、社会の三階層がなかに描かれ、ゴシック様式の聖堂がその三階層を包摂している。［図31］ゴシック・リヴァイヴァルの前兆としてみてもいいが、ゴシックの大聖堂はかつて都市経済の発展を誇示する記号であった。ルネサンスを生み出した原動力は都市の発展に負うところが大きい。ロンドンが世界都市として君臨している姿がゴシック様式に反映されているわけである。

ゴシック様式はよく針葉樹にたとえられる。天空へ限りなく伸びてゆくその姿はまさに摂政期イギリスそのものである。社会の三階層がこの幹のなかに封じ込められている。ゴシック様式の聖堂には大きなステンドグラスがはめ込まれているが、そこに活写された絵図こそ、さまざまな色で彩られた多義的な社会そのものの姿なのである。最上階は天にもっとも近い場所に位置し、左右には「詩歌」と「絵画」の天才が、その外には「海軍」「陸軍」が対称に配置されて防衛の任にあたっている。描かれている老人は二人とも御下賜金をさずかった退役軍人である。中央の図は、愛、音楽にあふれる華やぎの空間であり、まさに地上の楽園そのものを描いている。二番目の階層には、王侯貴族、議会、大学を中心に配し、作者であるブラックマントルと画家のロバート・ハランジットが描かれている。前者は文芸の、後者は美術の守護神というわけだ。最下層は「地獄」と銘うたれ、「悲惨」と「死」に行き着くしかないギャンブルに没頭する人々の姿を提示している。エンブレム・ブックとカリカチュアのふたつのジャンルが混合したかたちで描かれているこの社会図は、まさにイギリス社会を実写した印象深い構図を示している。

図31　階級社会

さて、当時のロンドンは外国人の目から見たらどのように映っていたのだろうか。たとえば飲食物は他者との差異をなすもっとも身近な例になりうるので、比較の対象としてよく引き合いに出される。

イギリスの大部分を徒歩でくまなく歩きまわったドイツ人牧師は、ロンドンで出されたコーヒーについて、「茶色の水のようなひどい代物」と顔をしかめた。ドイツではどんなに粗野な労働者でもこんなにまずいコーヒーは口にしない、と口汚くののしっている。だがその一方、パンについては、「バターをぬって供されるパンはケシの葉のように薄い。だが暖炉の火で焼くバターのたっぷりしみこんだパンのうまさときたら……。フォークで火のうえに次から次へとパンをかざし、パンにバターがじっくりしみわたるまでこんがりと焼きあげる」とツバをたらさんばかりに賞賛し、「このパンをトーストというのだよ」といかにも得意気に報告している。不味いコーヒーと美味しいトーストはどうしても折り合いがつかなかったのだろうか、とつい考えてしまう。

一八世紀のロンドンの街を歩いてみるとどのようなことに遭遇し、どのような反応がなされるのか、試みに同時代の人々と歩いてみよう。

まず目のまえにとびこんでくるのは人の波、群集のかたまりである。「グリニッチからロンドンまでの路は、人々であふれかえり、馬に乗っている人や歩行者がたえずぶつかり合うかのように行き交っている」とドイツ人旅行者の目をロンドンの群集は驚かせているが、交通渋滞をひきおこしている往来だけでなくテムズ川でも同じような混雑ぶりを生じさせていたのである。「人間の移動のためテムズには少なくともロンドン周辺だけでも一万五〇〇〇隻の小船が往来してやむことがない。橋から川をのぞいても目にうつるのは船だけで、川面などどこにもない」と、スイスから来た旅行者ソシュールは驚きをかくそうとはしなかった。また、スウェーデン人、ペール・カルムも「あんなに狭い川幅をかくも多くの船が行き交えるものか。あわやのところをうまく避けた船がいるが、衝突してしまった船も少なくない」と地上の群集と等しく、水上での混雑ぶりを伝えている。

夜になっても、この群集からわきおこるざわめきはとどまるところを知らなかった。ロンドンには夜がないかのように街灯が輝きつづけていたからだ。ガラスの大きな球体につつまれたランプは一晩中燃えつづけ、ロンドンを不夜城のようにした。一般人の家でも玄関に大きな外灯をしつらえ、屋内でもランプが輝いていたのである。街路には二本、三本、四本も枝を広げた街灯がともされていた。夕暮れ時にともる街灯にてらしだされたオックスフォード・ストリートはパリ中のランプを集めてきてもこんなに明るく照らしだせないだろう、とある旅行者は思わずもらしているが、ドイツから初めてロンドンに到着した旅行者などは「自分だけのために街中が輝いている」と感激をかくそうとはしなかった。

一八〇七年にガス灯が導入されるまでは石炭によって明かりがとられていた。この石炭は明るさとはまったく反対の反応を外国人旅行者にひきおこしていたのである。それもそのはずである。ロンドンに足をふみ入れた旅行者が目をみはり、思わず鼻や口もとを急いで押さえ込んだのは、石炭から出てくる黒煙のためであった。黒煙は霧とまじり、粒子のため建物はおろか白馬まで黒色にかえてしまい、黒い雪が降るありさまであった。ロンドン市内にある英雄や神話の神々の彫像は黒ずみ、塵灰が最悪の状態になったヴィクトリア朝には、女王がたまらずバッキンガム宮殿をあとにしたほどであった。スウェーデン人旅行者は王立取引所の近所でおこった火災の一件を伝えているが、新聞で火事の記事を読んで、近くで一〇〇棟もの住宅を焼失するほどの火災があったことを知った。情報が届かなかった一因は、なめつくす炎の勢いも厚くはりつめた煤煙にはばまれてしまったから、という。フランス人旅行者ピエール・ジャン・グロスレの観察はより鋭い。「粒子をふんだんに含み、厚く重くたれこめるこの煤煙は雲になり、ロンドンに外套をきせたようにつつみ込んでいく。ロンドンの天空をこの暗雲がさえぎってしまい、太陽の光などはほとんど地上にはとどかない。ロンドンっ子には栄えある日などかぞえるほどしかない」と陰鬱なロンドンの空気を伝えている。ロンドグロスレはたえず咳に悩まされ、ついに気管支炎を患ってしまったのであった。そして黒い雨が降ってきた、という。

石炭を燃やすため大気を汚してしまい、息もできないようなロンドンの状況は外国人の非難の的であった。どんなイギリス贔屓のひとでもこの一点だけは妥協しなかった。「午前一〇時だのに、ロウソクをともして手紙をかいています」と塵煙ただようロンドンの空を見上げていたドイツ人は、「この黒煙を我慢できるような心の慰めがなければとっくにロンドンなんか後にしている」と断言してはばからなかった。

出版業界から見たロンドンの都市生活

摂政期は、二人のジョージ王がもたらした不安定な統治により、君主制の是非が問われた時代であった。頽廃的《たいはい》で、情緒不安定な、さらにドイツに出自をもつ王であるという事実は、イギリス王位の存続に深い影を落としていた。ヨーロッパ大陸を席捲していた啓蒙思想は、共和制か君主制かを選ぶ決め手のひとつとなりつつあった。イギリス政府がフランス革命によってもたらされた共和制に傾かなかったのは、継続的な改革政策によって、国民にたいして将来の繁栄を約束したからにほかならない。産業革命こそがこのような変革を導く大きな動因となり、この摂政期にイギリスでは都市化、工業化が一段と促進されていった。中世から入会地《いりあい》として共同で耕作していた農地が生垣や塀で囲われだし、また村でもっとも高い存在だった教会の古い尖塔を、組み煙突が凌駕するようになり、本街道は交通路として整備され、蒸気輸送船が海峡を頻繁に往来しはじめ、蒸気機関車の最初の軌道が敷設されようとしていた時代であった。機械化につれてイギリス文化の崩壊現象が起こりつつあるとして、知識人が憂慮の念を隠そうとしなかった時代がまさに開かれようとしていたのだ。トマス・カーライルが「機械の時代」と警鐘を鳴らしたヴィクトリア朝時代はすぐそこまで迫っていたのである。人間は手足だけでなく、頭脳や心臓も機械のように育成され、自然から遊離してしまい、機械のメカニズムに組み込まれる存在と化してしまうとカーライルは警鐘をならしたが、まさに摂政期はこうした時代の母型となっていたわけである。

都市ロンドンは、ジャーナリズム、印刷業が活性化しはじめた時代に、世界都市へと発展していく。変貌を促した大きな要因のひとつにジャーナリズムの発達をあげねばなるまい。ジョージ四世が即位した一八二〇年に『ロンドン・マガジン』が創刊された意義は大きい。本誌は、『エディンバラ・レヴュー』(一八〇二年創刊)、『クォータリー・レヴュー』(一八〇九年創刊)、及び『ブラックウッズ・エディンバラ・マガジン』(一八一七年創刊)などの主流雑誌に対抗しようとして創刊されたからである。これらロンドンやスコットランドで発行された三大誌は、政治評論、社会批判、学術誌の書評などの長文記事を掲載し、膨張してきた中産階級を対象読者にしていた。『ロンドン・マガジン』は、スコットランド系の雑誌に横溢している堅苦しさを打破しようとして、軽妙な読みやすい文体を駆使して、ロンドンという都会の薫りが立ちこめるような記事を掲載した。チャールズ・ラム、ウィリアム・ヘイズリット、トマス・ド・クィンシー、M・R・ミットフォードなど常連の寄稿者が筆をとったといえば、雑誌の性格もおのずと明らかになろう。バイロンの長篇詩『ドン・ジュアン』の佳境で主人公が愛する王女の手をとって、地中海のトルコ帝国からまいもどってくる地がロンドンに設定されていたのも故なきことではない。詩人バイロンはまた、すぐれたジャーナリストでもあった。つまりロンドンがジャーナリズムのなかでどのような位置を占めていたのか、十分知り尽くしていたのである。

こうした状況にあって、スポーツ・ジャーナリストであるピアス・イーガンの『ロンドンの生活』が月刊分冊で出版されはじめた年が一八二〇年（一八二一年に単行本として刊行）であったことはけっして偶然ではない。もっともこの作品を既存の文学ジャンルに当てはめようとしても頭を悩ますだけである。というのはイーガンのロンドン漫遊記は、大都会のガイドブックであり、流行しているコミカルな歌、上演中の劇、歌劇などを寄せ集めた音楽誌でもあり、また三人の若者が次から次へと冒険に遭遇するピカレスク小説仕立てにもなっていて、各ジャンルが混然一体となっている、いわば脈絡のない都市そのものに似た集合体にほかならないからだ。

『ロンドンの生活』がもつ、破綻をさらけだした側面こそ大都会ロンドンの相貌そのものであり、週刊、月刊のかたちで陸続と生産されていく出版物の集大成でもあった。この作品は、月刊分冊の形態で出版されたが、月刊という発行形態は、出版社、読者双方にもっとも適していた。分冊発行のため廉価におさえられ、好奇心にうったえ多くの読者をえることができたからである。なお、トムとジェリーという登場人物はアメリカのコミックに生き残っている。

大都会の探訪記『ロンドンの生活』は、同時にひとつの分岐点を示していた。この作品には猥雑で下品きわまる野卑な底辺世界が上流社会の対立項として描かれていたが、この作品以後に出版されたロンドンを描写した作品は、人々が称賛してやまない大都会がはなつ華やかさを書きとどめようとする傾向をおびていく。時代が一八二〇年代半ばになるとブルワー・リットン、ベンジャミン・ディズレーリ、セオドア・フックなどによって代表される「社交界小説《シルバー・フォーク》」の作家たちの描写により、ロンドンは小説媒体のなかできらびやかで華麗な都市へと変貌していく。こうした傾向は、まだジャーナリストであった新進気鋭の小説家チャールズ・ディケンズが『ボズのスケッチ』(1836)によって再び下層の人々を描くまでつづくのである。『ロンドンの生活』と『ボズのスケッチ』を結んでいる目に見えない補助線は、華やかな大都市の隠れた暗部で通底していたのである。

出版業界、読者層はどのような状況であったのだろうか。生活費指数は一七九〇年を一〇〇とすれば、一八一三年に一八七という高水準まで昇りつめ、一八二二年になると一〇九まで下降している。商品の市場価格は安かったが、労働賃金も同じく安かった。ロンドンの工業労働者を除き、労働市場は供給過剰の犠牲となっていた。もっとも高い賃金をえていたロンドンの熟練工でも、チャールズ・ナイトが編集していた有用知識普及協会の冊子を一冊求めただけで一ヶ月分の稼ぎが飛んでしまったほどなのである。一般庶民にとって書籍はとうてい手が届かない高嶺の花であったといわざるをえない。

堅実な家庭を築いている人々は年収一二五ポンド(週給四八シリング)ほどで水準以上の裕福な暮らしができたのである。年収が三〇〇ポンドから四〇〇ポンドもある聖職者は例外中の例外的存在であり、一八三四年に小説家アントニ・トロロップが従事していた郵便局員の年俸は九〇ポンドであった。七年後でも一四〇ポンドでしかない。詩人ロバート・ブラウニングの父親はイングランド銀行に五〇年以上勤めあげたというのに、年収は僅々二七五ポンドにすぎなかったのである。

よって購買者の生活費指数からかえりみると、書籍は依然として贅沢品であったわけだ。たとえば、一八二〇年から一八三〇年にかけて爆発的に売れた先のピアス・イーガンの『ロンドンの生活』『ロンドンの生活・終結篇』（一八二八年分冊刊行）は、一分冊三シリングで売られていたので、分冊で一二点揃えようとすると、三六シリング支払わねばならない計算になる。

一八〇〇年から一八二五年の間、イギリスの出版業界は一般人のあいだに読書を習慣として根づかせるような状況ではとうていなかった。業界が一部の限られた業者に独占されていた現実があったにせよ、数々の問題点が山積していたのである。

生産技術面からいえば、ほかの産業と比較して、出版業界はとりのこされた存在であった。チャールズ・スタナプ伯爵が考案した鉄製印刷機により労力が削減されたとはいえ、二五〇部刷るのに一時間も費やしていたのである。革新が訪れるのは、一八一四年一一月二九日付の『タイムズ』紙が発行される日まで待たねばならなかった。蒸気印刷の導入である。だが、この方法には版型製作に問題があったため普及するのにそれから二〇年もの歳月を必要としたのであった。それでも大作家ウォルター・スコットの人気が出版業界の需要拡大をうながした。いつの世にも詩集は売れないものと相場がきまっていたが、スコットはその通説をくつがえしたのである。『最後の吟遊詩人の歌』(1805)は二五シリングという高値がつけられたにもかかわらず三年間で一万五〇五〇部売れた。『湖上の麗人』(1810)には四二シリングという法外な定価がつけられたのだが、一年間で二万三〇〇部を売り尽くしたのであった。初めての小説『ウェィヴァリー』(1814)は、通常の三巻本の小説に一五から一七シリングの定価がつけられていたときに、二一シリングの高値がつけられたにもかかわらず七年間で八刷も重ね、一万一五〇〇部を売りきったのであった。

だがこのスコット人気は、出版界に大きな影をおとすことになる。出版社はどんな作品に対しても高い定価を設定するようになってしまったからである。業界がこの弊害に気がつくのは一九世紀が幕を閉じようとする頃であった。一般読者が貸本屋に殺到したのもこうした背景があったからにほかならない。貸出料金は一年間でわずか一〇シリングであったのだから。

出版業界は縮小していった。初版七五〇部ほどしか刷らず、版を重ねても増刷するのはごくわずかで、売れた作品が出ると間髪入れずに続篇を出すような出版形態が出現してきた。貸本屋専用の小説本でも一〇〇〇部から一二五〇部くらいまでしか刷られなかった。

こうしたなか、一八〇九年頃に書籍を分冊刊行で出版し成功をおさめた人物が現れた。トマス・ケリーである。零細な一出版人であったが、最後には出版の成功によってロンドン市長にまでのぼりつめた人物である。分冊形式で聖書二三万部、キリスト伝一〇万部、フランス革命関連書二万部を売り尽くした。

分冊シリーズが読書人の心をひきつけたのは、作品の内容もさることながら、本文中の挿絵に負うところ大であったと言わねばなるまい。一日の労働賃金が二シリングで印刷物に費やせるのは週二ペンスといった読者にとって、こうした分冊刊行がいかに適した出版形態であったか容易に理解できよう。

出版界のナポレオンとして君臨していたアーチボルド・コンスタブルが詩人スコットに向かって吐露した言葉は、正鵠を射ていた――「出版界はまだ揺籃期にある」。啓蒙思想家ヘンリー・ブルームが「有用知識普及協会文庫」の名のもと、数々の出版物を廉価版で出版しはじめたのは一八二七年のことであり、同じく出版者チャールズ・ナイトが労働者のために週刊誌『ペニー・マガジン』を出すのは一八三二年のことであった。

このような出版業界のなかで旅行書は人気のあるジャンルであった。経済的な繁栄と人々が謳歌している自由がどのようにしてイギリスで生まれ、育まれているのかを観察した旅行記が続々と現れた。そして、こうした旅行記のなかには外国人を装って書かれたものがあった。次項で触れるロバート・サウジーの場合、スペイン人に偽装したところに著者の巧みな戦略がみてとれる。

まず一般のイギリス人にとって、スペイン及びスペイン人は、古い封建主義を引きずった、唾棄すべきカトリックの国で何よりもイギリス嫌いの国である、というのが率直な感想であろう。だから当然、スペイン人がイギリス人に対し何を物申すか、という挑戦的な気分が著者名と書名を見ただけでイギリス人にわきあがり、かなり身構える結果となる。だが、じつはこの硬直した身構えこそ、逆に言えば、好奇心につながっていくのである。読者の触手が伸びるというわけだ。

2 スペイン人の見たロンドン

なぜ外国人の視点をもつようになったのか

『ドン・マヌエル・アールヴァーレス・エスプリエーラのイギリス通信』(1808)の著者ロバート・サウジー[図32]は、一七七四年八月一二日に織物商人の長男としてブリストルで生まれた。兄弟たちとはいっしょに育てられず、エキセントリックな伯母マーガレット・タイラーによって七歳まで育てられたが、伯母は高級住宅地バースに住んでいるエリート意識からか、ブリストルの社会的地位の低い親戚をうとんじ交際もせず、またロバートに近所の子供と遊ぶのを禁じた。ただ観劇が趣味であったため劇作家になる夢をロバートに与えた。この養育が後年の人格形成に影を落としたのか、導きの光となったのかはさだかではないが、伯母から少なからぬ影響を受けたのはまちがいない。九歳の頃、『怒れるオーランド』の続篇を詩作でものし、叙事詩、諷刺、翻訳、戯曲にまで関心をひろげてゆき、後年の文学活動の原点ともいえるものがこの時期に定着した。アリオストー、タッソー、スペンサーなどの叙事詩がとくにお気に入りだった。

一七八八年、ウェストミンスター・スクールに入学するが、同人で発行していた学内雑誌に体罰は悪魔の所業にほかならないとの鞭打ちを非難する一文を書きつらね、退校処分の憂き目にあう。その後の人生をいろどる殉難のはじまりといえばはじまりであった。ただ悪いことばかりではなかった。経済的支援を与えてくれたチャールズ・ウィン、すばらしい蔵書を自由に読ませてくれたグロブナー・ベッドフォードといった学友にも恵まれた。ヴォルテール、ルソーなどの自由思想家の著述、ギボンの歴史書などを乱読したが、わけてもゲーテの『若きウェルテルの悩み』は忘れがたい青春の書となった。

図32　ロバート・サウジー

体制になじめない少年が伝統的な大学オックスフォードになじめるはずはない。一七九二年一一月、ベリオール・カレッジに入学したものの無為の日々がつづいた。フランス革命の余燼《よじん》がまだくすぶっていて、血気あふれる若者の情熱をとらえ、サウジーがおのずと王制から共和制へと急進主義にかたむいていったのは当然のなりゆきであった。勉学にあっても政治参加にあっても、オックスフォード時代は不完全燃焼のまま終わることとなる。ただ、詩を書き出したこととすさまじい乱読だけは注記しておいてもよい。

結局、大学を中退してしまうのだが、一七九四年二〇歳の夏に人生の転機がおとずれる。S・T・コウルリッジの万人平等政権体《パンタソクラシー》の主張に全面的に共感し、北アメリカ移住まで思いつめてしまうのだ。ウィリアム・ゴドウィンのいう、理性にもとづいた社会形成に大いに感化されるが、渡航費用もないような状態で、理想も頓挫してしまい、初めて社会の現実を思い知るところとなる。「新しい生活、生きるすべての夢」を与えてくれた、この万人平等政権体の理想がついえたことは人生を拒絶されたにも等しかった。家族は聖職者になって欲しかったが、彼自身は文学で身を立てようと心に決めていた。イギリスに敵対するフランスの英雄を主人公にした叙事詩『ジャンヌ・ダルク』(1795)は、サウジーの最初の作品となった。

コウルリッジとの出会いをきっかけに社会の現実を垣間見、辛酸を嘗めただけではなかった。サウジーを揺り動かしたのは、初めて天才を見た事実であった。日常の規範からみると社会を逸脱したボヘミアンにすぎないコウルリッジであったが、まぎれもなく真の「詩人」であった。サウジーは真面目で、努力によって文学の道を歩いていこうとする忍耐の人であったが、悲しいかな、天才ではなかった。そのため、この天才から一歩身をひいていったのも無理はなかった。

そうした胸の傷をいやすべく、リスボンのイギリス人居住地で常勤教師をやっていた裕福な伯父をたよってポルトガルへ旅立った。ポルトガル、スペインの滞在をもとにして書かれたのが『スペイン・ポルトガル書簡』（1797）であり、サウジーの初めての散文作品である。先に出版した詩集よりもはるかに好評をもってむかえられ、生前に三版を重ねたほどであった。そこには若書き特有の、躍動する精神がみなぎっていたからである。詩人よりも散文作家としての特質が顕著にあらわれてきた兆しでもあった。

半年間の滞在を終えてイギリスにもどってきて、社会に立つ職業として法律家を選ぶが、まったく興味がもてず、書評家になった。不承不承はじめた仕事であったが、これまでの仕事では考えられなかったほどの収入にありつけたのである。一〇〇ポンド近い年収はかけがえのない財源であった。二五歳になったサウジーは、文学の道を邁進することになるが、妻と同じく強度の神経衰弱におちいり、嫌悪するロンドンの地を離れ再びポルトガルで転地療養することにした。

一四ヶ月間ポルトガルに滞在することになるが、ここで政治的信条に大きな変化が訪れたのである。一七九三年、英国首相である小ピットことウィリアム・ピット（一七五九－一八〇六）が、大陸諸国を糾合して対仏大同盟を結成し、イギリスがフランス革命戦争に参戦した時でもサウジーはイギリスに同調しなかった。「イギリスの兵力は連合軍との同盟に組み入れられ、これを境に／私ひとりの心のなかだけではなく、すべての俊敏な若人のこころのうち／転向と背離が見られるようになった」とうたったワーズワスの気持ちを若者の誰もが共有していたのだ。だが情熱はあついほど冷めやすい。サウジーのフランス賛美も急速に色褪せていく。フランスを見限りイギリスに回帰したのならまだしも、無能な小ピットにがまんできず、イギリスにもフランスにも愛情をおぼえなくなってしまったのである。

ポルトガルでサウジーをおそった変化は政治的信条だけではなかった。信仰にも変革が生じてきたのである。幼少の頃、暇があればピカートの宗教書に目をおとし、耽読していた少年にカトリックを棄教する日がおとずれようとしているのであった。「この地でローマ・カトリック教徒がしている、信じられないくだらなさを目にすればこんな宗教を好きにはなれないでしょう」と母親に打ち明け、「心の底からカトリック教をにくむ」心情になっていた。だからウェリントン内閣が成立させた旧教徒救済法（一八二九）に強く反対したのも自然な流れであった。

一八〇一年七月の帰国以後、創作に力をそそぎ、詩集『サラバ』(1801)、『メードック』(1805) などの諸作品とともにスペイン語翻訳、ポルトガル語翻訳を数多く出版した。一八〇二年八月、サウジー夫妻に娘マーガレットが生まれたが、一年足らずのうちに脳水腫のために亡くなってしまう。サウジーの失望は大きく、湖水地方に住んでいたコウルリッジ夫妻のもとに身をよせて心の傷をいやそうとする。

こうした時期をはさんで『イギリス通信』の構想がふくらみつつあった。「今、ドン・マヌエル・アールヴァーレス・エスプリエーラというスペイン人を主人公にして、イギリスの国情、生活、習慣をつぶさに観察する本を考えている。宗教に懐疑的だが才気ある若者が、イギリスを活写することになる。すでに第四書簡まで書き上げたが、きっと面白い本になるはずだ。これまでのどの本よりも読者を得るにちがいない」と並々ならない自信をのぞかせている。

では、なぜサウジーは、外国人の主人公がイギリスを旅行して、その観察記録を手紙に託すような旅行記を書くことになったのか、文学的伝統から検討をはじめてみよう。

まず旅行記という文学形式が、もっともよく読者の注目を集めていたジャンルであったことに注目したい。とりわけダニエル・デフォーが書いた『大英国周遊記』(1724－26)はもっとも有名な旅行記である。シーリア・ファインズの『旅行記』の存在も、サウジーはよく知っていて原稿を入手し、熟読している。「執筆中のドン・マヌエルはファインズの紀行文に多分に負うところがある」とは偽らぬ述懐であっただろう。また一七八二年から一八〇九年にかけて一大ブームとなったギルピンのピクチャレスク旅行記の存在も見逃してはならない。『イギリス通信』のなかには風景を愛でた、忘れがたいほどの美しい描写が数多くあり、他の旅行記と大きく異なる点はイギリスの現状に対する不信と批判が強くあふれていることである。風景を賛美することに偏重した旅行記のあり方にサウジーは大いに不満を持っていたが、時代の通弊を鋭く追及したジョン・ビングの旅行記には大いなる信頼を寄せていた。S・ショー師が著した農業問題を論じた紀行文『一七八八年、イギリス西部紀行』(1789)や農業改良家アーサー・ヤングの旅行記などからも大いなる示唆をえている。

ここで忘れてならないのは、外国人旅行者がイギリスを旅行して観察し、記録するという紀行の形態である。ホレス・ウォルポールの友人、リチャード・ベントレーが翻訳した、一五九八年にイギリスを訪れたドイツ人旅行者の紀行文は一七五七年に出版され、短期間に五版を重ねるほど愛読されたのである。

外国人の視点を借りた旅行記の流行

外国人によるイギリス旅行記の流行は新たな局面をもたらすことになる。それは外国人の名前をかりて、イギリス人が国内を旅し故国イギリスを描くという形式が移入され定着しだしたのである。

ジェノヴァのある作家が一六八四年にパリで発表した『ある男の旅』は、一六八七年に『トルコ人の書いた手紙』として英訳されて大好評を博した。一七一八年、デフォーはこの続篇を書いている。とはいえ、この形式を広めるのに力があったのはモンテスキューの『ペルシア人の手紙』(1721)である。影響を受けた作品がすぐにイギリスにあらわれた。ホレス・ウォルポールの『ロンドンの友からペキンの友へ』(1757)とオリヴァー・ゴールドスミス『世界市民』(1762)がそれである。この例からみても外部からの眼差しで自国を賛美、批判する文学形式がいかに同時代の文学者の心をうばっていたかわかるであろう。中国人の目からイギリスを観察するという枠組みは、G・ローズ・ディキンソンの『中国人からの手紙』(1901)まで脈々と受け継がれていく。この著作などは中国人が書いたものであると、誰もが信じて疑わなかったほどの徹底ぶりである。

さて次の疑問は、なぜサウジーは本名をかくし、イギリスのことを書かなければならなかったのか、という点である。

まず本の売上げがまったくちがうということである。イギリス人作家よりも外国人作家が書くイギリスのすがたを多くの読者は求めた。どの国民であれ、自分たちが外国人からどのように見られて、どのような共感や反感を抱かれているのか、誰しも気になるところである。サウジーがスペイン人を作者に仕立てたのも、作者と読者のこのような関係をよく知っていたからにほかならない。厳重に作者名はふせられたのである。サウジーはほとんど無名の作家であるから、こうした仕掛けをして本の売上げ増をもくろんだのであった。ウォルター・スコットが大ベストセラーの『ウェイヴァリー』小説群を匿名にしつづけたひそみにならったのかもしれない。

また本名を隠して作品を世に問うことは、作者自身が話題にのぼり、その神秘性ゆえに読者の好奇心をそそってやまないものがあった。購買意欲をうながす一助でもあったわけである。

さらに『イギリス通信』のように、あからさまに母国を批判した書には必ず毀誉褒貶がつきものである。ふりそそがれる批判の毒矢も作者を別名、匿名にしてあればかわしやすいというものである。自己防衛の一手段でもあったわけだ。サウジーは保守党の牙城『クォータリー・レヴュー』の論客として一八〇九年から三〇年間、さまざまな論評を寄せてきたが、すべて匿名か無署名であった。これも論敵からの批判をかわし、反駁する必要をなくすという一挙両得の処置であった。

では『イギリス通信』の内容を具体的にみていきたい。作者＝翻訳者であるサウジーは、「翻訳者の序」および「作者の序」において巧みに自己韜晦を行ない、みずからの主張を自然で無理のない正当性あふれるものにしようとしている。

まず（架空の）翻訳者の序文に、一九世紀初頭のイギリスでいかに旅行記が流行しているかが語られる。「外国人がイギリスについて物した旅行記はあまねく受けいれられているので、この翻訳についてことさら前口上を必要としないであろう」。ただ次のような注意がつづき、スペイン人旅行者の観察眼が正当であることを主張しようとする。「本書の作者は一貫して公平無私な立場から物事を見ているが、ただひとつイギリスの難しい迷信については偏見をもたずにはいられなかったようだ。やむなくそうした記述がのこってしまっているがそれは致し方ない」。

さらに記述の信憑性を高めようとして、「作者に偏見、誤謬があれどあえて翻訳者は訂正せず注だけにとどめる」とつづけるが、この言葉こそ、作者の傀儡となった翻訳者がテクストの信憑性を高めようとするもくろみにほかならない。

作者の序文において、主人公エスプリエーラは自分の旅行記が外国人の手で書かれたことを強調してやまない。旅と旅行記に対するイギリス人とスペイン人の態度を比較することから論をはじめていく。

「今日のスペインでは旅行記のたぐいはほとんど出版されていない。だがイギリスではまったく逆である。イギリス人がひと夏を山岳地帯ですごし、また、六週間ばかりパリに滞在すればそれだけで旅行記をものしてしまう」。

イギリス人は旅行記を書くのも好きだが、他人の旅行記を好んで読みたがる性癖があるようだと作者は言及して、いくぶん誇張気味にその需要がいかばかりかを述べていく。「仮にこの旅行記がフランスで出版されるとロンドンの出版社は我先にあらそって印刷されたばかりのページを一枚ごと持ち帰り、その一枚ずつを訳出していくであろう」と。

こうした旅行記に価値などあろうはずもないのに、イギリス人はありがたがって珍重し、無意味な一片の情報を自らの記憶にきざんでいく。イギリス人に対して我々スペイン人は有利な立場にあるという。なぜならば旅行熱に取りつかれていることもなければ、旅行記を著すという虚栄心を見せびらかす愚もおかさないからである。それゆえに冷静で偏りのない観察が可能となり、興味深い旅行記を書けるというわけだ。

『イギリス通信』はイギリスに一八ヶ月滞在したときの記録で、旅の大部分はイギリス人家庭に滞在していたため信頼するにたる記述である、と筆者は提唱している。

通信を受けとる人はスペインにいる家族、そして告解をきいてもらう司祭であるから、嘘、偽りはない。そしてこの旅のなかでの出来事や見たことを、生起した時間軸にそって記述していく方法こそが、誤解を生まないやり方であると筆者は断言する。

イギリス人の日常、習慣、性格、イギリスの現状をスペインに伝えるにあたり、作者は偏ることのない意見を述べ、下した判断が正当であると受けとめられたなら、自分の意図は果たされたことになるという。作者はあくまでも正確な記録者になろうとつとめているのである。

一八－一九世紀の旅の追体験

『イギリス通信』が発表された時、作者の観察が日常の瑣末におちいりすぎて、当時のイギリス人読者から見ると、わずらわしい感じがするという批評があった（『エディンバラ・レヴュー』）。しかし今日の目から見れば、この日常の些事こそが失われて消えてしまった過去の記憶の一片であるがゆえに貴重であると言えるのではないだろうか。『イギリス通信』は、一八世紀から一九世紀に転換しつつあるイギリスの日常の生活史として読めばじつに豊かなテクストになるのである。しばらく一九世紀初頭の旅を追体験してみよう。

一八〇二年四月二一日水曜日、スペイン人ドン・マヌエル・アールヴァーレス・エスプリエーラは、リスボンを出発してから一二日間の航海を経て、コーンウォールの南端ファルマスに到着した。長い航海に疲れた旅人の目にリザード半島は美しいかぎりであった。それはすぐにおこる困難な旅路において唯一の穏やかな日であったかもしれない。

到着した港の税関でひと悶着が起きる。エスプリエーラの荷物に通常の関税の二倍もの税金がかけられたからだ。激怒する彼に友人は穏やかに忠告する――「港には渡り鳥か猛禽のいずれかしかいない。目の前にいる人間だけで国民全体を判断してはいけない」と。旅人を丸裸にするのが通関役人の仕事なのだから、旅人はただひたすら沈黙を守るのみか。

たまらず逃げこんだ宿は外観こそ立派なものの、食事たるやとても口にできた代物ではない。火が通っていない肉、生煮えの野菜、塩辛いパン、どれも食べ物とはいいがたい。スペインよりもましなのはビールくらいで、バターとチーズしか口に合いそうにない。

さらに宿ではざわめきや騒音がたえない。開閉するたびに家中にひびくドア、ウェイターを呼ぶベル、「ただいますぐに」と応えて廊下を走り回るボーイ、積み上げられる荷物などから物音がわきあがり宿全体をゆすっている。泥を落としている靴磨き人、粉を手にした理容師、湯と剃刀を手にした見習い、新しいリネンをたずさえた洗濯女、船員、ポーターたちが所狭しと入りまじり合う。深夜になっても郵便馬車が発着する轍《わだち》のきしみ音などが安らかな眠りに容赦なく侵入してくる。「イギリスでは物音を立てずに事は運べない。騒音を忘れさせてくれるのは、請求書を突きつけられた瞬間だけだ」とエスプリエーラは深い嘆息をかくそうともしない。

早朝、宿の前には馬車が待っている。馬車は三人乗りで左右と前方にガラス窓がしつらえてある。二頭立ての四輪馬車は時速六マイルで走ることになる。

ツルーロで朝食をとるが、まずいパンのおかげでせっかくの朝食が台なしだ。どの店もガラス窓があるのに驚くが、不順な天候がつづく地方ゆえ、ガラスなしでは暮らしていけないのかと悟るのであった。そう思っているとすぐに空はかき曇り、寒気が襲ってきた。まわりを見ると四月下旬だというのに植物は緑をたたえていない。南の国からきたスペイン人にはイギリスの寒さは身体にこたえるようだ。

ミッチェルディーン。次に停車した街だ。荒廃した街で、スペインにもこのような街はある。こんな街を「朽ちはてた都市」というのだろう。今日も国会に二名の代表者をおくる権利を、この街は持っているからそう呼ぶのだが、産業らしい産業は何もない。わびしさが街の外観にのりうつっているのかもしれない。どんなに貧しい家にでもガラス窓がはめられている。

次に停車したのは「インディアン・クィーンズ」という、旅籠というよりも郵便局のような建物であった。家の名称はかかげている看板の図柄からとられているようだ。牛、馬、羊、鹿などの絵が一般的であるが、王や女王の顔、近隣の貴族などが描かれている看板もある。

旅の不便さのひとつに各停車場での馬車の交代がある。荷物すべてをつみかえるわずらわしさときたら……。

馬車はわびしい街道をひたすら進んでいく。すると右手の平原に岩だらけの小高い丘陵が出現した。岩場のもっとも上のところに廃墟がある。これほど殺伐としたところが他にあるだろうか。この土地の牧師は「この町の住民の大半とは、墓に埋められて初めて顔を合わすだろう」とうそぶいていた。

ボドミンで食事をとる。この町はかつて宗教の中心地であったが、分派騒動のあとさびれる一方であった。場所としては決して悪くないのだが、南の丘陵地帯が陽をさえぎってしまっているため、影が街全体をつつんでしまっているのだ。共同墓地の下を通る水を採水しているのも印象がよくない。このあたりの住民は石炭をもやしている。その黒びかりする鉱物はゆっくりと燃え、驚くほどの煙と灰を出す。どの家屋も煙突があるが見苦しい感じはしない。イギリス人は火をおこすのが好きだ。厳しい底冷えのする気候から身を守るため、この習慣をはやく身につけよう。暖炉には円形の板がおいてあり、その上で石炭をもやし、トングで石炭を動かし、小さなシャベルで灰を取り出す。暖炉のまわりにある器具は、すべて鉄製でまるで装飾品のようだ。炉の前には炉格子があり、床に火の粉がおちるのを防ぐ。その格子は錫《すず》か光沢のある金属でできていて、緑色に塗ったり、錫をはったりしている。火を燃えつづけさせる炉格子は美しいしつらえである。何もかもが人々の富を誇示しているように思える。格子のたぐいはいずれも煤で黒くなってしまうのだが、毎朝いつもみがかれている。それは女性の仕事だ。

図33　暖炉の前の楽しみ

富裕な家の炉は前面が大理石でできている。そして棚上には雪花石膏か光沢のある石でつくった壺、中国服を着た首振りの磁器製人形、花瓶などの装飾品が所狭しと並べられている。ともあれ暖炉の前に立つのがイギリス人は大好きだ［図33］。

夕食をとったあとローンセストンの街へ入っていった。この街は旅人の気持ちをなごませてくれる。朽ちた城が丘の上にたっている。この街の全景が目に入ってきたとき、はからずも故国スペインの町を思い出してしまった。夜のとばりがおりる前に到着したわけだが、馬車は門のそばで止まっていて、金具をはずす金属音が馬車の屋根をゆらしている。戸口にはウェイターが立っていて、すぐにドアを開け、中に招き入れてくれた。きれいな部屋に通されたが、光がこうこうとしていて夜はなかにはしのびこんできてはいなかった。カーテンがおろされ、暖炉の火がついていて、部屋の明かりは油でなく獣脂でつくった蠟燭からとっていた。蠟は高価であるため上流階級の人しか使えないものだ。居心地たるや申し分ない。お茶を飲んだ。夕食までの間に今日の出来事を思い出し、記録をつけた。快速に進み、このような場所で一夜を過ごすことができ、イギリスを旅するのはかくもすばらしいものなのか、と思わずさけんでしまう。難なく疲れもなく今日は五六マイルもの旅路を走ってきたのだ。

宿に到着しても満室でない限り、何ひとつ不安はない。心よりの歓待が待ち受けていて、ワインや食料をわざわざ持参することもなく、すべては調っている。食料は完備されているし、暖炉の炎も燃えさかっている。ベッドも用意され、宿の人々は手持ちぶさたの気配もみせずに、いつでも客人の注文を待ち受けている。

曇天の下、ただ馬車を走らせつづける当時の旅は単調で、苦痛に満ちた旅程そのものであったが、それだけに目にふれるものは新鮮であったのではないだろうか。ところで、この『イギリス通信』は、詩人サウジーが散文作家に転向する契機となった作品である。彼は自分自身の資質が詩人であることをつゆほども疑わなかったが、読書界は異なる評価をたたきつけた。この作品を発表するまでに数え切れないほどのバラッド、短詩を発表し、第四作品にあたる詩集『ケハマの呪い』(1810)に着手しようとしていた時期であった。彼の詩には少数の礼賛者がいたが、詩人として『サラバ』の初版五〇〇部を売り切るのに三年の歳月を要し、詩集『メードック』を出版して一年間にえた印税がわずか三ポンド一七シリングばかりであった冷遇ぶりを無視できなかった。家族八人を養うためには売れない詩人でいるより、需要の多い散文作家に転じる方がはるかに現実的選択であった。桂冠詩人になってから書いた『ネルソン提督伝』(1813)は、彼の著作のなかでもっとも長い生命力をもつ作品であるかもしれないが、今日の文学的評価からすれば『イギリス通信』のほうがより多くの読者をえるであろう。というのも、本書は「イギリスをありのままの姿で映し出している」からである。すなわちネルソン提督、詩人ワーズワス、宰相ピットが生きていた日々を活写した時代の書であるからである。また本書を支えているサウジーの散文はこのジャンルに適した文体であることも忘れてはならない。「サウジーの文体を褒めても褒めすぎることはないであろう。装飾過多に陥らず明晰で、雄勁《ゆうけい》にして平易である。古語の渋く輝く温和がある。現代詩人のなかでもっとも最善で自然な散文家である」とは、めったに賛辞を贈らない批評家ヘイズリットの評語である(『時代の精神』[1825])。では、雄勁な文章力をもち、鋭利な観察眼を備えた作家が見たイギリス、都市ロンドンはどのような形で描き出されたのであろうか。

『イギリス通信』は、コーンウォールからヨークシャーを経て、湖水地方に至りロンドンに滞在するまでの自然、社会、政治、風俗、習慣、人間模様を見聞し、記録した随想録でもある。文化史の一資料として検討するとき、全七六章のうち一二章にわたって宗教的な呪詛に満ちているため、敬遠される恐れがないわけではない。たしかに共和制への失望、カトリック教への憎悪、政治不信などがその批評眼を曇らせてしまっているかもしれない。だが、この怒りこそが対象を透徹する鋭い眼差しにもなっている。共和制の熱烈な支持者であったサウジーが、晩年、保守主義者に変貌していく過程は、同時に彼自身のなかでみずからの価値観が定着していく道程でもあるのだから。

偽医者を唾棄すべき存在としてみなすのも、その正義感のしからしめるところであろう。だが、怒りにまみれた記述から、私たちは「偽医者」の実態をつぶさに目の当たりにするように観察できるのである（第五〇通信）。次から次へと話題に乗じて筆は「動物磁気＝催眠術」に及ぶ。フランスでは教会、政府がこの行為をかたく禁じているにもかかわらず、イギリスでは広く流布し、認知されている野放図ぶりに憤怒の念を隠そうとしない（第五一通信）。文化史的視点から見れば、「図書館」（第三通信）「残虐性への懐疑」（第三、八、四六通信）「狂信者」（第六三―六五通信）「刑罰」（第二二通信）「救貧法」（第二六通信）「マンチェスターの綿工場」（第三七通信）「イギリスの家具と家屋」（第一四通信）「イギリスにおけるユダヤ人」（第四一通信）など第一次史料の宝庫といってもいい。また紀行文としても優れた美しい描写にあふれている。とりわけ「セント・ポール大聖堂からの眺望」（第二七通信）そして「湖水地方の景観美」（第六〇―六一通信）にみられる麗筆は他の作家の追随を許さない。

だが本書の白眉は、世界都市としてめまぐるしく推移してゆく大都会ロンドンの生態である。「セント・ポール大聖堂」「テンプル・バー」「ホワイトホール」などの描写は一読するだけの価値がある。中でも読者を忘れがたい印象でつつむのは、忘却のかなたに消えてしまった対象に詩人の目が注がれるとき、消失した存在が私たち読者のまえに再び立ちのぼってくるのを確認する瞬間である。興味深い一例をあげよう――夜のロンドンでは夜警が見回り、人々の安全を監視しているという。この事実自体はそれほど注目に価する情報ではないであろう。だが、その夜警は天候が変化していくさまを三〇分ごとに大声で教えてくれるという。ロンドンでは眠りについていても天候の変移を、夜を明かして窓から見るように知ることができる。観察者自身も思わず「不思議な習慣である」と漏らしている。夜警の声につ いで、騒音への言及がつづく。一晩中、荷馬車の轍がきしみ、掃除屋、牛乳配達人、召使いの叫び声などがロンドンの天空をたえず響きわたっていて、当時の雑音、騒音が今日でも読者の耳もとに共鳴してくるのである。ロンドンのサウンドスケープをみごとなまでにとらえている。

ロンドンの広大さに目を奪われ……

旅人エスプリエーラはロンドンの広大さに目を奪われ、「果てしない迷路のような」この大都会を知悉するのはとうてい不可能であると率直に認め、「同じ街に住んでいても住民同士が知り合うことはまずないだろう」とお互いの意思の疎通もとれないほどの巨大な都市の実像を描きだす。諸外国の都市と比較すれば、ロンドンが迷宮都市であるのは街路だけではないのがわかってくるのである。ロンドンは王宮、政府がある大都市である一方、大衆の生活文化がもっとも栄えている商業都市でもあった。それゆえ、街路にはさまざまな階級の人々が行き交い、豊かな文化をつくりあげているというわけである。次にイースト・エンドとウェスト・エンドの「差異」をエスプリエーラは説いていく。ウェスト・エンドは上流階級の居住空間で、商人が成功したあかつきにはウェスト・エンドに「たどりつ」けば、上流階級に組み入れられた何よりの証しであった。その過程たるや「硬い殻でつつまれたさなぎから蝶に変身し、上流社会に舞う」というものであった。ここでエスプリエーラはイギリス経済を支えるロンドンの商業活動に注目する。ロンドン中にあふれている商店、ショッピング・アーケードを通り抜けていくと、あでやかな絢爛さにおもわず目を奪われ何度も立ち止まってしまい、「外国人である」のを図らずも自覚してしまうのであった。自国スペインではこのような華やかな空間は体験しようにもどこにもないため、旅人は思わず「ロンドンで暮らすようになるならば、毎日のようにショッピング街に通い、余生はここで埋没してしまいたい」とまで感激をつつみかくそうとはしない。思わず手にして買ってしまったのは旅行鞄であった。

商都の華やかさばかりに目を奪われているエスプリエーラではなかった。実際の生活面にまで観察は及んでいく。大小さまざまな馬車が猛スピードで走る。その馬車の速度に比例するかのように、往来を行き交う人々の歩く速度も他の都市では類をみないほどのはやさである。生活リズムの目まぐるしい速度ゆえか、今日のファストフードの販売形態がロンドンに出現していたのである。エスプリエーラが厳寒の朝に焼菓子屋に入ってみると、窓が開け放たれたままになっている。「この寒いのにどうして窓を閉めないのか」と尋ねれば、「閉めてしまうと一日の売上げが五〇シリングは落ちてしまう」との答えを聞き、見ていると、「多くの通行人が店に入らずにその窓のそばに置いてあるパンやビスケットを無造作に取り、代金を置いてすぐに去っていく」。ロンドンっ子の疲れを知らない生活力に旅人はただ感嘆するばかりであった。

サウジーは、『備忘録』に本書のトピックの多くを書き残しており、他の作品の間をぬって、一八〇三年から一八〇七年にかけて本書を構想していたことがわかる。最初から匿名出版を考えていたにもかかわらず、情報を求めて友人たちに頻繁に訊ねている。たとえば、最後の手紙（第七六通信）で論じられている海軍に関する情報はすべて友人に負っている。医学生であった弟ヘンリー・サウジーにはロンドンのスウェーデンボルグを守護神とする教会へ行かせ、また友人のバーカー嬢には料理、バースの習慣、音楽などの疑問を問いただしている。また友人ジョン・リックマンにはソールズベリーとロンドンをつなぐ街道について詳しく教示を乞うている。本書は多くの助力をえたが、総体的には首尾一貫した作品に仕上がっている。文章が優雅で雄勁な英語で書かれているため、こんな翻訳はありえないと疑惑をもたれ、逆にその匿名を疑われてしまったほどである。出版直前にサウジーは、本書の「もっとも秀逸な箇所は、イギリスにおけるさまざまな宗派を論じている箇所であり、異教研究者としてこの私をしのぐ者などいないはずだ」とまで自信のほどをのぞかせている。

一八〇七年晩夏に初版がでて、一八一四年には三版が出版されている。初版が出版される前に、サウジーに対して一〇〇ポンドの印税が支払われたが、再版、三版から印税はもたらされなかった。同時代の評価としてマコーレー卿は、サウジーの著述には称賛に値するものはほとんどないが『イギリス通信』だけは例外に属すると述べ、また高名な歴史家M・ドロシー・ジョージは名著『一八世紀のロンドン生活』(1925)のなかで人々の娯楽とカトリック教の関係、一八〇七年当時、バーミンガムに出現した緑色の頭髪と真鍮加工の因果関係を『イギリス通信』の該当箇所に依拠している。まさに神は細部に宿るのである。

著者サウジーが願ったような宗教的文脈ではこの旅行記は読まれなかったが、それでも都市と田園を対比する鋭い観察眼は随所に光っている。サウジーが湖水地方で体験した都市化の問題がロンドンではいかに自然と共存していくか、という問題提起となって現れていたのである。都市のなかで自然がどのようにとり入れられていったかを都市景観、個人宅の庭をつうじて考えてみよう。

3　アルカディアの変容——タウン・ガーデン

さてアルカディアは大都市のなかでどのような変容をとげていったのであろうか。

一八世紀のロンドンは都市化が進み、煉瓦、モルタルを材料とした家屋が都市部を席捲し、郊外から田園まで侵食をつづけ、田園にも都市化の波が押し寄せようとしていた。事態はたんなる都市化という問題にとどまらず、人間と自然の共生という、きわめて今日的な問題をつきつけていたのである。

一八世紀の大都市に住む人々にとって、都市のなかでどのように自然をとり入れ、共存していくかが大きな問題となりつつあった。カントリー・ハウス周辺で造営されていた風景式庭園がはたして都市部でも造営が可能であるのか、もし可能とするならばどのような形で限られた空間に建造されるのか。庭園という空間を市民一人ひとりがどのように受け止め、いかに対処するか。この問題は庭師、園芸家などにとどまらず、個人レヴェルの問題へと還元されていく。

ヴィクトリア朝の都市計画者エビニーザ・ハワードが「田園都市（ガーデン・シティ）」

の概念を提唱するはるか二〇〇年以上もまえに、グランド・ツアーでジョン・イーヴリンはイタリアなどの美しい庭園、街路に感銘をおぼえた。そして産業化が進むロンドンを大規模な植林によって、自然と共存した都市として建造しようと考えていた。「イギリス国民の大部分は田園の眺望が好きだから、わずかばかりでも自然の姿があればうれしい」とは、イーヴリンがイギリス国民の田園にたいする愛情を代弁した言葉である。

都市の悪臭、汚染など住人の精神に突きささる鋭い痛みをやわらげるものとして、植物が慰藉してくれるような有効な対処剤になりうると、一八世紀の都市生活者の多くも十分に理解していた。

スクエア

イギリスの都心には公園の機能をはたしているスクエアという広場、空間がほどよく点在している。それは周囲を道路で囲まれた空き地で、樹木、噴水が適当に配置されていて市民の安らぎの場になっている。小規模な公園と考えたらよかろうか。また、スクエアは庭の精神性、つまり楽園に代表されるいくぶんか霊的な要素をはらんだ空間として機能した。市民にとって心のやすらぎの場になったのである。

ロンドン、ブリストル、バーミンガムなどの大都市はスクエアの整備から都市と自然の共存関係を構築しようとしたといってよい。そもそもスクエアは公共施設であるが、イタリアの古典庭園をモデルにしたピアッツァでもあり、幾何学的な泉水や小路がしつらえられ、その周囲を樹木がおおっているというのが一般的であった。機能としては公園、待合場所などに活用され、街のランドマークとして日常生活のなかにとけこんでいた。

ロンドンのセント・ジェームズ・スクエア（1726）、ブリストルのクィーン・スクエア（1731）の設計図をみても明らかなように、スクエアは庭として設計されていた。中央に大きな噴水や池、もしくはオベリスクを配置し、まわりに砂利をしきつめていた。つまり、カントリー・ハウスの周囲に配されていた庭園と同じ構造をもっていたのである。剪定《せんてい》をほどこした樹木、美しく植えつけられた花卉《かき》などが装飾された整形庭園であったのは、ロンドンのソーホー・スクエア、バースのクィーン・スクエア、バーミンガムのオールド・スクエアを見れば一目瞭然である。このようにスクエアは街の建造物に囲まれ、そのうえ統一された鋳型にはめたような空間であったがために、自然は対称性と秩序、つまり人間が強いる力に従属していた。

ところが郊外や田園で自然を大幅にとり入れた庭園が盛んにつくられてくると、人間のつくった建造物の人工性と、樹木などの自然との対比が美意識として、抵抗なく受け入れられるようになってきたのである。「小路に砂利をまき、花壇に花を植えるだけでは、周囲が人間に与えてくれる安らぎをとうてい満たせない。もっとありのままの自然をスクエアに入れるべきだ」と、ロンドンの養樹園主であり作家であったトマス・フェアチャイルド（一六六七－一七二九）は早くも一七二〇年に指摘している。

スクエアは砂利道を残し、灌木や落葉樹が植林されるようになった。楡の木はとりわけ好まれ、その地域の住民税によってまかなわれたほどであった。楡の木がロンドンの街路樹として植えられはじめたのも一八世紀のことであった。石炭の煙に耐えぬきいつも緑をたたえていて、春先には霞がかった美しい葉が芽吹き、秋にはみごとに黄葉する、楡の木がロンドンの多くのスクエアのまわりを囲むようになった。スクエアは、こうした過程をたどりながら都市のなかに自然の小宇宙を形成したのであった。またスクエアはイギリス中で流行した「都会のなかに田園を」という現象がもっとも目につく場所であった。スクエアの中央に羊を放し飼いにしようという計画がもちあがり、じっさいに試みられたが、牧歌の世界は再現されず、羊はすぐに姿を消した。

ノリッジのノーフォーク伯の庭園のように、大都市のなかに鹿苑まである大庭園もあるにはあったが、小庭園が多く建造され、都市のなかに多くの庭園が散在するようになったのがこの時代の特徴であった。

庭づくりを競う

すでに述べたように、庭園は、衣服や家屋と同じように個人の趣味をうつしだす鏡であり、おのずと富、社会的地位を先鋭的に反映していたのである。庭園の経済は、二重の効力をあたえたのであった。まず富裕な人々が街に住み、そこで趣味として庭園をつくり、その庭園によって社会的地位を反映させようとした。だから庭づくりはある意味で他人との競争にもなった。そのため、必死になって多くの花卉を植えても当人がその名前も知らない、といった皮肉な事態も出現していた。あざとい商人が高級に見せるため高貴な名称を植物名にした。豪華な馬車と同じように、たんなる社会的功名心を刺激していただけの場合も少なくはなかった。こうした態度は育種にも反映され、どこにでも見うけられるような花は見向きもされず、新種、珍種に触手がのびたのも無理はない。衣服の流行と植物栽培は相関関係にあったわけである。花だけではない。植樹にも流行があって、一夜にして総入れ替えがおきた例もある。植物の階級化は果物にもおよび、「卑しい身分の果物」とみなされるものがある一方、パイナップルのように育成がむずかしい果物は「貴族」あつかいされた。いつの世も流行の最先端を走りたいという欲望が商品市場の価値観になったわけである。

いわば社会性と直結した庭園への偏愛ぶりは、草花研究者、栽培者の集いのなかにもはっきりと見てとれた。ノリッジではオランダ移民が多かったためか、植物品評会は一六三〇年代から間断なく開催されてきたが、珍しい花卉を出展しようとするフロリストがしのぎを削る場としてつとに有名であった。

対抗心をむきだしにさせた要因は、植物栽培と社会的認知がはっきりと一体になって表象されたからである。珍種の植物を出品した者には名前が冠され、植物名となり、功績が定期刊行物のなかで顕彰された。それ以上に、「フロリスト」という称号こそ喉から手が出るくらい欲しい、羨望の的であったわけだ。ブリストルでは晩春にサクラソウ、盛夏にカーネーションの品評会が開催されていたが、同規模の花卉品評会がイギリス全土でも展開されていたのである。

植物にたいする関心は、自然へのそれにつながり、個人の庭を社会的地位の象徴とみなす風潮が広まってきた。都市部の住居にもかならず庭がつくられるようになり、たとえ邸宅から離れたところに庭があっても、ないよりはまし、とまで考えられるようになっていった。

園芸家の活躍

育苗家、園芸店などの、庭とかかわる園芸家の活躍が都市の作庭にはたした役割を看過してはならない。一七世紀末には大規模な育種・苗木場がロンドンだけでも一五ヶ所を数えていた。数え切れないほどの花草木が用意されていたという（時価に見積もって四万ポンド以上の価値があり、フランスの全品種に相当した）。だから一七二〇年代には郊外にもかならず園芸店があり、品種の選択、育成の仕方などのアドヴァイスから園芸器具の販売まで手広く商いを行なっていた。庭師や造園家という新しい職種が生まれたのもこの時代であった。聖職者と同じくらいの俸給をもらう植木屋が出現していた。一七六〇年頃の統計によると、イギリス国内で造園家が一〇人、貴族つき庭師五五〇人、育種職人一〇〇人、花卉園芸家一五〇人、植物学者二〇人、そして菜園業者だけでも二〇〇人以上いたという。

こうした園芸店は庭園ブームをひきおこし、多様な樹木や花卉を個人愛好家に提供し、在来品種を改良し、新しい品種を伝播するのに多大な貢献をした。一八世紀だけでも何百種類もの新種が導入されたのであるが、ある統計によると、一八世紀に四四五、一九世紀初頭までに六六九もの新しい品種が移入されたとある。こうした庭づくりが熾烈な競争の対象になってくると、おのずと「新種、珍種」が差異をつける大きな要因になった。

個人の邸宅の庭は、古代ローマの庭を規範にした整形庭園であった。彫像、聖堂をしつらえ格子を多用した古典的な庭があくまでも主流であった。新しい樹木や花の移入にもかかわらず、花も自由に植えられることはなく、小さな箱を畝がわりにして、一直線に並べられたのである。品種は園芸店で人気のあったチューリップ、サクラソウ、カーネーション、アネモネ、ヒヤシンスなどであった。灌木や果物の木も砂利道に沿って直線状に配置された。庭の端には装飾をこらした東屋《あずまや》が配置された。つまり、こうした庭は、作庭の技術、好奇心にうったえる要素、花の美しさによってその価値がおしはかられたのである。したがって、どこにでもあるスイカズラやサクラソウは一般受けしなくなった。だが、一八世紀末になると、この人気が凋落したスイカズラが再び人気を集めるようになる。勤労の実直さ、人格のつつましさなどがスイカズラのなかに投影されて、人格を教化するゆえ、尊ばれるようになったわけである。

流行にきわめて敏感であった都会の庭がピクチャレスク趣味の波を避けることができなかったのはいうまでもない。ロンドンで最初の園芸指南書となったトマス・フェアチャイルドの『シティ・ガーデナー』(1722)では花卉栽培を犠牲にして樹木の緑を横溢させ、蛇行した小路、人の手を入れない樹木、灌木、剪定をほどこさない並木、苔むした洞窟、傾斜がついた芝生など、ピクチャレスク趣味に堕しているほどの庭造りが推奨された。従来の子供じみた花の配置などは後ろへ押しやられ、趣味を前面に押し出すような庭が増加してきたのである。

個人宅の庭

ところが個人の邸宅の庭は総体的にみればやはり古典様式を遵守していた。庭自体が用と美がせめぎ合う場であるとするならば、なぜ都市で自然式庭園が遍在しなかったのであろうか。この問いに一言で答えるならば、まだまだ都市部の庭園は装飾的な要素をとどめた整形庭園が主流であった。つまり社会的階級を映し出す鏡が庭であるとするならば、限られた面積で自然式庭園を建造するのは冒険的すぎたのである。幾何学式庭園のほうが階層を直接投影できたわけである。

それに生活という実用面も考えなくてはならない。砂利道に直線状においた花壇は、剪定、散水などの手入れ、建築との調和をはかるため自由に移動しレイアウトをしなおすのに便利で実用的な配置方法であった。蛇行するように配置したら手間が数倍かかってしまう。庭園のなかを走るこうした直線状の配置は古典的なデザインというより、きわめて日常的な実利性から生まれてきたのである。たとえば灌木の生垣は、置き放された廃棄物、馬舎などを隠した。また庭の内奥には洗面所がかならず設置されていたため、生垣は格好の目隠しにもなったわけである。

生垣の実利性と同様に、芳香性のある花も人気があった。サクラソウ、カーネーション、チューリップ、バラ、アラセイトウ、クリンザクラ、スイカズラ、アメリカヅタなどに人気が集まったが、これは都市の汚染状況を反映していた。外部からの悪臭の侵入を大幅に減じてくれる美しい防御壁になったからである。都会の庭はまず住む人の美意識、道徳観を反映したが、同時に実用的側面も無視されはしなかった。ただ一様に家屋の前面に庭がしつらえられていたのである。

都市の限られたスペースに合わせるかのように花の鉢植え栽培が定着したのもこの時代であった。美意識よりも日常の利便性の方が生活空間ではるかに優先されていたわけである。鉢植え栽培は、育成に手間がかからず、また季節ごとに品種を入れかえる楽しみがあった。園芸業者は鉢植えに適した品種を改良して、「ロンドン・ポット」という名称で大々的に売り出したのであった。

こうした鉢物の人気は、園芸業者と家庭の距離をさらに縮める結果となった。冬には植木鉢をあずかり世話をし、夏には水をやり、季節ごとの植え替えもするなど、徹底した育成、養生をほどこし、鉢を特定の業者が管理するような体制が生まれてきた。鉢植え栽培は、窓辺を彩るようになり、ロンドンの美的景観にも寄与したのである。窓辺に飾られたカーネーション、バラ、オレンジ、ギンバイカ、シシウド、ニガヨモギ、モクセイソウなどの鉢は美的対象であると同時に、街路から立ちのぼってくる埃、悪臭をさえぎる実用的効果もはたし、ヴィクトリア朝になってからも、窓辺におかれた鉢の数はいっこうに減らなかったのである。窓辺におかれた花は何も実用的な用途ばかりではなく、往来を行き交う人に誼《よしみ》を通じるしつらえでもあったのは言うまでもない。窓辺の花鉢は個人の趣味であろうが、同時に街の佇《たたずま》いを彩るようになったのである。

このように、アルカディアは大都市ロンドンにおいて、自然を身近に感じるために限られた空間に庭園をつくるという形で現れたのである。人々は都市に住むようになっても美しい自然の眺望をどこかに、これまで以上に求めていたのである。そしてここで第二章、第三章において言及したクロード・グラスを思い出してほしい。あの小さな凸面鏡のことである。風景を前に（後ろを向いているのであるが）して、雄大で壮麗な風景を手のひらの大きさもない鏡のなかに封じ込め、前景、中景、遠景、背景に分割してさらにひとつの理想像を作ろうとしていたのである。それがいかに自己閉塞的な営為であろうとも、窓辺の植木鉢同様に、アルカディアを求めるピクチャレスクな探究であったのである。

終　章　われ〈アルカディア〉にあり

田園への愛着、愛情は、世界ではじめて産業革命を果たしたイギリス人の多くに共有されていた。第四章でみたように、ロンドンの都市化で、田園そのものが消滅しようとする時代が迫ってきた。都市居住者の田園への郷愁は、猫のひたいほどの土地をいじる庭造りに反映される。休日には人里はなれたウエールズ、スコットランド、湖水地方に小旅行をする。野生の花を愛で、バード・ウォッチングを楽しみ、田舎の小屋《コテッジ》で週末をすごす夢想に身を浸す。寸暇を惜しんでアイザック・ウォルトンの『釣魚大全』を愛読する。ファッションをはじめ、牧歌的なアルカディア神話を紡ぎつづける産業は一向に減らない。むしろ増加の一方である。田園を想起させる品物の数々への変わらぬ人気は田園への郷愁の強さをうかがい知らせる。現代ほど自然や田園生活への愛情が強く反映し、深い反＝都市的性向を露呈した時代もない。この田園への愛情をヴィクトリア朝の終わりから今日までたえず見守りはぐくんできた雑誌に『カントリー・ライフ』がある。［図34］本章では、グランド・ツアー、ピクチャレスク・ツアーを通じてみてきたアルカディアの変容が現実の田園のなかでどのような推移をとげ、将来いかなる像を提示するのかを最後に検討しておこう。

グランド・ツアーでつちかってきたギリシア、ラテンを中心とする教養、ニコラ・プッサン、クロード・ロランをはじめとする絵画美などの鑑賞から生まれてきた感性は、ピクチャレスク美に結晶し、風景式庭園をつくる大きな礎、原動力となり、建造された風景式庭園は一八世紀イギリスが誇る大きな文化遺産にまでなった。逆に風景式庭園がイギリスからヨーロッパ諸国へ輸出され、ロシアからイタリア、アメリカ、カナダにいたるまでイギリス式風景庭園として伝播していった。ピクチャレスク美は、グランド・ツアー、ピクチャレスク・ツアーなどの旅文化から涵養されたひとつの美意識にすぎないが、イギリス人が精神的支柱にする田園文化の礎になった事実を忘れてはならない。

図34『カントリー・ライフ』

クリストファー・ハッセイ

一九二七年、初めて英語で書かれたピクチャレスクの研究書『ピクチャレスク――ひとつの視点』が出版された。著者はクリストファー・ハッセイ。価値を認めたイタリアの文化史家マリオ・プラーツは、「新古典主義を理解するための必読書」と、いくぶん興奮した書評を書いた。この二〇世紀を代表する碩学が下した評価は今日でも色褪せていない。序文は「私はピク

図35　クリストファー・ハッセイ

チャレスクという芸術的伝統のなかで育った。あの日、身体をつらぬいた衝撃を忘れることはできない、ピクチャレスクは私の現実の一部である、と。その啓示はカントリー・ハウスの書斎でおきた。一八三七年に祖父が建てたものだ。窓から外を見ると眼下には渓谷がみえ、湖のなかに島が浮いていて、中央に城がある。しかも城の一部はくずれている。……草原は森の樹木のなかにのみこまれていき、やがて空へとのぼりつめていく」という言葉ではじまる。ハッセイ自身がピクチャレスクの環境下で育っていたのである。

　クリストファー・ハッセイ（一八九九－一九七〇［図35］）は、今日では建築史家として著名であるが、その生涯はひとつの雑誌の編集にささげられたといってよい。一世紀以上にわたり、田園の重要性をイギリス文化の文脈でたえず問いつづけたその雑誌こそ『カントリー・ライフ』である。ハッセイはオックスフォード大学クライスト・チャーチ在学中からすでにこの雑誌に寄稿しており、半世紀以上にわたり健筆をふるい、一四〇〇本以上の論考をこの雑誌のためにものしている。

ハッセイは、一九二〇年代から景観、カントリー・ハウスの保存を訴えつづけてきたが、イギリス政府がカントリー・ハウスの文化的重要性に気づき、国家の文化遺産として認定したのは一九七〇年代のことであった。ハッセイの慧眼《けいがん》を形成したのはピクチャレスク美であった。ただ注意しなければならないのは、ハッセイは現在の目から過去の遺産をなつかしむような審美家ではなかったということだ。彼はピクチャレスク美に、伝統の持続と現実への実用面をはっきりと見抜いていたのである。それは彼自身が先祖からスコットニィ（ケント）にある広大なカントリー・ハウスと領地を受け継いだため、それをいかに保存し維持していくかを実践していった活動からはぐくまれた英知でもあった。［図36］雑誌『カントリー・ライフ』が二度の世界大戦の戦火をくぐり、田園こそイギリス人の精神的支柱であることを確信し、提唱しつづけた経緯を次にたどっておこう。

図36　スコットニィ・キャッスル

『カントリー・ライフ』の創刊

牧歌的な田園風景がかならず毎号『カントリー・

ライフ』には掲載される。静穏さをたたえた田園風景にはかつて無数の傷が刻まれ、荒地と化し、再生してきた歴史がやどっている。経済的な変動、社会的な変遷がまさにその地で起きていたのである。とりわけ田園を襲った二度の世界大戦の傷跡は、かつての姿にはもどれないほど変貌させてしまった。だが戦争による激動よりも巨大な力が、この平和な地を蚕食しはじめたのであった。ツーリズムの到来である。ある意味で旅文化から生まれた田園風景が、よもや旅そのものによって破壊されていくとは、だれが予想できたであろうか。自動車が田園を死滅状態に追い込んでいくとは夢だに想像できなかった。また機能を重視する建築のモダニズム運動の波も静かな脅威となった。自然保護、動物愛護、ナショナル・トラスト運動、そしてウォーキングにいたるまで、すべての活動が田園にたいする人間の態度の変遷から生まれてきた。雑誌『カントリー・ライフ』は、日々変化にさらされ変貌を余儀なくされる田園のすがたをみつめつづけ、田園がいかに人間の営みに欠かせない存在であり、共存していくべき対象であるかを訴えつづけてきたのである。そして歴史的にみれば、その追究は、何がイギリスをイギリスたらしめるのか、イギリス人の本質は何かといった〈イングリッシュネス〉そのものを検証する作業にもなっていったのである。

『カントリー・ライフ』誌が一八九七年に創刊されたという事実は、きわめて象徴的な意義をおびている。二五周年を祝った記念号には「耳に心地よく入ってくる音楽のように、そのタイトルは響いた……われわれイギリス人は都会に住んでいても心の奥底では田園の住人なのである」（一九二二年一月七日号）と回想をめぐらせ、本誌にはイギリスの理想そのものが体現されていると誇らしげに語っている。この姿勢は五〇年後、一〇〇年後も変わらなかった。

だが、裏がえして言えば一八九七年にイギリスの田園を謳歌する雑誌『カントリー・ライフ』が発刊された背景には、反＝田園の社会がすぐ後ろまで迫っていた現実があった。一八九七年といえばダイヤモンド・ジュビリーの式典、つまりヴィクトリア女王在位六〇周年の祝典が挙行された年としてイギリス人ならば誰でも記憶していよう。イギリスが文字通り世界に大英帝国として君臨していた時代である。産業革命の熱気は、都市に瀟洒な官庁街をつくりだし、静かな公園の横に喧騒あふれるショッピング街を、郊外には優雅な邸宅などをつくりあげた。だが、その華やかさの陰で、暗部が都会の底辺では広がっていた。人間性を無視した工場街とスラム、蔓延する汚染と病気、救いのない貧困状態などは、社会悪であり、やりきれない卑俗そのものであった。こうした側面は、巨大な富をうむ技術革命が招来した勝利とはもはや誰もみなさなかった。資本と労働の闘争をあらわすひとつの脅威として、都市労働者のことを、中産階級以上の人々は考えるようになっていた。

この否定的な状況を回復するひとつの手段として、また依拠すべき理想として田園での生活を推奨する思想家、作家があらわれた。社会改革者トマス・カーライルやジョン・ラスキンは工業技術、資本主義、産業社会を人間らしい生活を脅かす要因としてとらえたのであった。理想とした生活の場を、田園に見出したわけである。改革派の指導者は、かつての古典時代がきずきあげ、追究したひとつの伝統をさぐっていき、都会の退嬰きわまる生活から脱却し、心の平静さにつつまれた、質朴さのなかに人間らしい生活を営もうとした。こうした生活は一八世紀の風景をめぐる一連の解釈のなかで、すでに検討されてきたものであるが、カントリー・ハウスの周囲に丘や湖をしつらえ、樹木を植えて絵画美をたたえる景観をつくりだした伝統に立ちもどろうというものであった。とりわけジョン・ラスキンやウィリアム・モリスの心をとらえていたのは、あの至上の楽園（エーリュシオン）である。それは牧歌のなかでうたわれ、ひとつの理想として定着した理想郷であり、詩ではウェルギリウスが『牧歌』のなかで、絵画ではクロード・ロランやニコラ・プッサンが、アルカディアとしてたたえ理想化した伝統に立ちもどれというわけである。グランド・ツーリストが求めたアルカディアの理想と同じであったが、状況はまったく異なった。

ラスキンをはじめとする社会改革者が説く恣意的な感性の主張は、皮肉といえば皮肉である。というのはヴィクトリア朝後期の思想家たちによってつくりあげられた田園像は、都会居住者が古代の伝統にのっとって再創造した像であるからだ。さらに皮肉に映るのは、国家経済を推進した変革、改革、改良をめぐる諸価値が、現状を維持し、田園生活がもたらす調和と美をうたいあげることで、イギリス精神を再定義しようとする試みに道をゆずってしまったからである。

その結果、保守的な考え方が国中をおおい、古代からの禁欲的な価値観を遵守し、安定してはいるが動きが緩慢な事態を誘発してしまったのである。ところが、経済変動の波や社会変動の揺れにも影響を受けず、この実体をともなわない虚構の田園像は、しだいに精神的な威厳をおび、イギリス人に共通する国民的アイデンティティとして新しい感性にまでなった。価値形成のなかで産業化された社会像など一掃されてしまったわけである。

じじつ、この牧歌的な田園像ほど一八−一九世紀の田園が直面していた現実からかけ離れた像はない。緑なす田園には、囲い込み運動が急速に進み、農業革命により人力が排除され、天然資源の枯渇による荒廃が蚕食しとどまることがなかったからである。

こうした現実があったにせよ、田園で暮らそうとする願望が少しもゆらぐことはなかったのである。というのも、田園は階級的価値観を如実に反映していたからにほかならない。中流、上流階級の願望そのものであったからである。とりわけ、カントリー・ジェントルマンへの願望は欲望に近いものがあり、田園に基盤をおいて生活することは見果てぬ夢となったのである。

田園像の再生産

雑誌『カントリー・ライフ』は、こうしたイギリス人の夢を生産しつづけ、ひとつの国民的意識ともいえる感性の形成に寄与してきたのであった。毎号のように誌上をかざった美しい写真は、古き大家族の肖像、苔むした領主の邸宅や庭園、季節がうつろっていく手つかずの自然、日々の仕事にいそしむ農夫、田園で生活をするジェントリーの姿などで彩られたのであった。毎週、どのページをめくってみても、そこには変わらない田園の光景や姿がたたえられていた。

注目すべき一面として、雑誌が提示する田園のイメージが社会主義者、社会改良者、保守を信奉する者、いずれの信条かをとわず、受け容れられた事実をあげておこう。つまり、田園への愛はイデオロギーの壁をも楽々と越えていったわけである。相反する思想、政策の人々は、産業革命がもたらした、ぬぐいがたい汚点を越えたところに、緑なすイギリスの田園を同じように見ていたことになる。つまり、社会主義者は、汚れなき職人がその技量を存分に発揮し、時間の侵食をこうむらない村社会のなかで平和に暮らす様子を思いうかべ、一方、保守主義者は地主階層がもたらした社会階級、社会組織に社会変動の波など押し寄せないような時代を心のなかで描いていたわけである。したがって『カントリー・ライフ』誌が提示しつづけた一貫してぶれない姿勢は田園を憂い、愛する人々の琴線につよくひびいたのであった。

さらに不思議なのは、数々の政治の大波が田園への愛にとどめを刺すような衝撃を何度も加えたというのに、死に絶えなかったことである。

『カントリー・ライフ』誌が創刊される十数年前に第三次選挙改正法が成立していて、農業労働者、鉱山労働者などの下級労働者にも選挙権が与えられた。第二次選挙改正の頃、州選挙区の有権者数は九〇万人から二五〇万人に拡大し、都市選挙区をふくめた有権者総数は四五〇万人にもなった。田園地帯には逆風の冷たい風ばかりがふいていた。一八八〇年代の農業不況、土地所有階層の経済力低下、一八九四年に導入された相続税（一五年間ほどで八％から一五％まで上昇する）、年収五〇〇〇ポンド以上の所得者に課せられた付加税（一九〇九－二九年）、上院の権限を大幅に制限し、貴族院を弱体化させた議院法の通過（一九一〇年）、その後の第一次世界大戦の勃発は、まさに田園を壊滅の危機にさらしたのであった。こうした激動の時代に夢のような田園への理想がついえなかったのも、不思議といえば不思議なことである。だが、歴史をたどってみれば田園をいつくしむ感性は、産業革命以前のジェントリーがいだいていたものであり、その階層の人々のなかでも政治の表舞台から姿を消していった敗残者によって育成された感性でもあったわけだ。

貴族階級の没落によって、たとえばカントリー・ハウスなどは、余剰を表象するような存在であり、消滅しても何ら支障をきたさない存在として、むしろ根絶すべき対象としてすら人々の目には映っていた。数多くのカントリー・ハウスがこうした風潮のなかで姿を消していった。ところが、由緒あるカントリー・ハウスの多くは姿を消したのに田園文化は消滅しなかったのである。商業や交易を足場にはいあがってきた新興勢力は、田園で貴族階級がいとなんだ生活様式につきぬ魅力を感じていたのであった。これは一五世紀以来、商いから利益をえて田園に館をかまえ、みずからカントリー・ジェントルマンに栄達していった同じような人々のやり方とまったく変わらない。だが、土地所有が権力に結びつかない時代が到来すると、事態はどうなるのであろうか。

滅びゆく田園――現実と虚構の狭間で

二〇世紀の田園生活の成立にはふたつの条件が必要であった。田園生活を存分に楽しめるだけの余暇と、都心から田園にまで足をのばせる交通手段である。ヴィクトリア朝時代からすでに田園やシーサイドで長期の休暇を過ごす生活形態は浸透していたが、それを可能にした交通手段は鉄道であった。そして鉄道から自動車へとその手段が変わりつつあった。

イギリス王立自動車クラブは一八九七年に設立され、会員には四名の貴族、八五名のジェントルマンが含まれていた。自動車を所有するにはきわめて恵まれた財力がなければならなかった。とてつもない経費がかかったのは馬車を維持することと同じであった。一八九六年には時速一四マイルであった制限速度が、一九〇三年には時速二〇マイルになった。徐々にではあるが、一般人に自動車が普及しはじめた推移を制限速度の上昇が物語っている。

第一次世界大戦が勃発するまでには、自動車はイギリスのあらゆる田園の奥深くまで侵入していた。だが車がもたらす汚染問題に先んじて田園を変えはじめたのは価値観の転倒であった。車を所有する新しい人々は、田園に点在していた旧宅を買い取り、邸宅をコテッジにかえ、近代的な生活用品をあまた持ち込んできた。この人々は信条として「シンプル・ライフ」を標榜していたが、昔から田園で営まれていた生活とどこにも接点をもたなかった。スポーツとレジャーの追求がすべてであったのだから接点などあるわけはなかった。

『カントリー・ライフ』誌にも田園に住む貧しい人々の生活記事がよく掲載されたが、一七世紀から存続してきた歴史の一コマのようにとらえられ、昆虫や動植物を観察するようなまなざしが向けられている。貧困にうちひしがれ、病魔におそわれて不自由な身体を横たえている貧民の記事が掲載されている。「田園の古い習慣、風俗、信条、歌や民話にはつきない魅力がある。通夜のとき、こんな音楽をかなでただろうと老婆に語りかけると、口からくぐもった笑い声がもれた。その音楽の二、三節を口ずさんでやると、老婆はそれに合わせて頷きながら、指で拍子をとるのであった」と、衰弱した老婆への同情など一切見られない。ベッドにしばりつけられた老婆のような病人も、産業革命の波をこうむらなかった純朴な人と同一に解釈したのである。つまり、ギルピンがティンターン修道院で遭遇した老婆と同じく、きわめて「ピクチャレスクな」存在であったわけだ。

それでも田園に生きのこっている旧世代の人々は、生きた歴史の証人であり、古きイングランドの伝統そのものを体現していた――剛毅《ごうき》で、純朴、まさに敬意に値する存在であった。秩序、調和、伝統といった価値観を一身にそなえていたからだ。すでに古く一八九〇年代から民話、民謡、舞踊をはじめとする伝承文化の収集が着手されはじめていた。だが、もうすでにその頃には伝統をつたえる文化はほとんどついえかけていたのである。

牧歌的な世界を基盤としたトマス・ハーディの小説世界で展開されるような田園生活を支えていた多くの習慣、伝統を抹殺したのは、残虐、不道徳、迷信を排除したヴィクトリア朝の「進歩思想」であり、五月祭や収穫にまつわる儀式などを一掃してしまったのである。すでに消滅していた風俗をよみがえらせようとしたのは、あの「メリー・イングランド」という架空像の力に負っている。その力を推進したのは中産階級の人々にほかならない。こうした民衆復興運動の一翼を担ったのが工芸運動である。産業革命以前の手工芸に価値を見出し、人間性を回復しようとする試みでもあった。服飾業者ローラ・アッシュレーが都心をさけて、鄙びた田園コッツウォルズの地に作業場を移し、手工芸品を販売しはじめたのはその最たる例であろう。

田園の生活を支えていた農業、農夫についても同じような美化する目でもって見られていた。第一次世界大戦以前から農地の三分の二は市場へ出荷される品種でしめられていた。野菜、果物、卵、牛乳などの生産に傾いていたのである。このような食料品には美意識がもたらされた例はほとんどない。過酷な田園生活の実相について関心はまずはらわれなかったといえよう。女性は畑仕事のほかに洗濯や針仕事をこなし家計をうめなければならなかったし、男性も一日中、畑にしばりつけられていたが、その見返りの収入は雀の涙であった。子供も収穫期になると学業を放棄して家業を助ける戦力に変わった。一八七〇年代に定められた教育法の効力などどこにもなく、有名無実であった。

ところが、そうした現実に圧迫された田園に対して、都市からのまなざしはまったくちがっていた。田園は労苦の場というより余暇追求の場であったからだ。都市生活者の心に根づいていたのはあくなきスポーツへの憧れであった。このスポーツ愛好熱は信仰にちかい力をもっていた。それもそのはずである。スポーツはエリート層の魂の拠り所であるパブリック・スクールの精神をみごとなまでに具現化していたからにほかならない。しかもその精神は中産階級の生活を律する規律とも合致していた。運動を尊び、即座に反応し、連帯感を強めるといったスポーツの特性はまたマスキュリニティ（男らしさ）へと結びつき、肉体の誇示、知性より身体性の尊重をうながしたのである。パブリック・スクールのグラウンドでなされていた運動が田園でスポーツとなって再現されたわけである。新興の人々も貴族、上流階級の人々もこぞってこの価値観を等しくいだいていた。まさに時代はジェントルマン・アマチュアの時代であったといえよう。

旧世代よりつづいていた貴族しか行なわなかった狩猟と釣りも新しいレジャーとしてとらえられ、クリケット、テニス、サイクリング、ゴルフ、ポロなどのスポーツと同等視されるようになった。だが、このふたつのスポーツはもっとも〈イングリッシュネス〉を強くにじませていたのである。ハンターは猟場を求めてボスニア、セイロン、ソマリア、アフリカなどどこへでもすがたをあらわした。期せずしてハンターは大英帝国の記号になっていたわけである。魚釣りには厳格に階級社会が反映されていた。雑魚でも釣れさえすればいいというフィッシングは下層階級のものであり、上層階級は特定の魚種を釣るゲーム・フィッシングが主流であった。何と言っても競馬の馬を所有する馬主になることがもっともステータスの証《シンボル》しとなった。鉄道によって馬を田園へ輸送できるようになり乗馬が一大ブームをおこしていたのである。ゴルフも盛んになったが社会的認知をうるまでにはいたらなかった。ゴルフと同じようなことがテニス、サイクリングについてもいえる。ただボートはちがっていた。田園から逆にロンドンへまいもどってきて、都心にクラブが、テムズ川河畔にボートハウスが乱立しはじめたのである。アスコット競馬場のゴールドカップ争奪戦、ケンブリッジ＝オックスフォード大学対抗ボートレース、ヘンリー・レガッタ、イートン＝ハロー対抗戦などが年中行事として定着したのもこの時代であった。そして、週末を休日とする週五日制の労働形態こそが田園の姿をもっとも変形していった一因であろう。週末の過ごし方がレジャーを決定づけ、田園ですごす週末族が一気にふくれあがり、なだれ込んできたのである。

カントリー・ハウス——消滅していく田園の象徴

カントリー・ハウスは田園生活の象徴であった。イギリスの歴史、文化を如実に反映した存在であり、田園の牧歌的雰囲気をかもし出す中心的存在そのものであった。イギリス史上どの時代を見てもカントリー・ハウスにすべての価値が封印されていたのである。カントリー・ハウスはいつも輝く陽のなかでそのすがたをうつし、静寂と安逸のなかでただ時が過ぎていくような存在として人々の心に印象づけられていたのである。だから田園の古民家をロンドンから来た新興の人々が購入し、以前の住人の家系などを調べ、その伝統を引き継ごうとしたのもカントリー・ハウスに端を発するノスタルジーのあらわれであった。またどんな苦境の時でもその大邸宅を閉鎖せずに近隣の住民に経済力を与え、生活を支えてきたのもカントリー・ハウスを中心にした生活基盤ができあがっていたことを人々に思いおこさせた。カントリー・ハウスにはこうした生活の側面も色濃くにじんでいたのである。

時代の波を断固として寄せつけなかったカントリー・ハウスも一九一〇年代になると事情が一変した。多くの地主が邸宅と土地を維持できず、ついにカントリー・ハウスのなかを風が吹き抜け、空洞化する日がやってきたのであった。数多くのカントリー・ハウスが空家となり、今にも倒壊の危機にひんしていた。スポーツを楽しむ人たちに貸与し、かろうじて建っているだけのカントリー・ハウスも多かったのである。新興成金を目当てに「狩猟に最適」とか「格安で売却」という広告の惹句がおどったのもこの頃であった。教会と比肩して、地域に君臨していた力はもはやどこにも見られなかった。まして地域の経済的求心力になっていたかつての存在は片鱗すらうかがえなかったのである。しだいに「カントリー・ハウス」は、たんなる「田舎の家」へとそのすがたを変えつつあった。新興の中流階級のステータス・シンボルとしての意味しかもたない存在へと。

『カントリー・ライフ』誌の立場も微妙であった。雑誌の主たる財源は広告であり、その広告の内容を占めるのはカントリー・ハウスの売買であったからだ。誌面では「古きよきイングランド」をカントリー・ハウスを中心にして謳歌し、広告ではその販売、転売を促進していたのだから雑誌にとってはきわめて都合のいい「結婚相手」でもあったわけである。

そして、カントリー・ハウスが存亡の危機にさらされているそのさなかに、奇妙な現象が起きてきた。中産階級を中心に小型のカントリー・ハウスを建造する動きが広がってきたのである。イギリス国内はもとよりカナダにまでそのブームは伝播し、チューダー朝、ジャコビアン朝、ジョージ朝などの様式がきそって採用され、小規模なカントリー・ハウスが田園に雨後の筍のように乱立しはじめたのだ。その所有者たちは伝統にひかれて家を建てようとしたために、周囲の環境によくとけこむような家屋を設計し、新しい風景が生まれてきた。小規模ながらも少数の召使いを雇用し、地域経済の活性化をもうながしたのである。今日の目から見てもこの時期に建てられた小型のカントリー・ハウス風の邸宅は、感性がすみずみまで行き届いていて、近代生活の最低条件もみたしたひとつの傑作になっている。バスルームが数室あり、電気を完備し、セントラル・ヒーティング、ガレージも装備され、庭にプールがある家まであった。様式としてはクリストファー・レンの手がけた建築様式にきわめて似ているため「レネサンス」様式と呼ばれた。ともあれ、ギリシア趣味への回帰を強くうながす要素に充ちていたといえよう。これこそグランド・ツアーの遺産と言ってもいいのではなかろうか。
インテリアにもそうした趣味が反映していたのは言うまでもない。古い樫の木でつくられた家具が落ち着いた佇まいをつくりだし、多くの窓からさしこむ太陽の光は真鍮の手すりを輝かせ、くすんだ色彩のタペストリーは微妙な色調をかなでていた。流行していた工芸運動の主張を実現させたインテリアがここに生まれたわけである。ウィリアム・モリスの工房で織られた布がその模様をかざし、部屋に中世のような落ち着きをしみこませていた。そして、室内をかざる工芸品は本物からイミテーションまで、ロンドンのデパート「メイプルズ」へ行けばすべてが店頭に並んでいたのであった。つまり、都心ロンドンに田園が反転していたことになる。

戦争のアルカディア

第一次世界大戦開戦直後から『カントリー・ライフ』の誌面は一変した。上流階級の人々に「倹約して、つつましい生活を」（一九一四年八月一五日号）との呼びかけからはじまり、馬の集め方、ライフル・クラブの訓練法、前線におもむく船員の心得から生垣での果物、野菜の栽培方法、食料自給などの実践的な助言まで、戦争がつづく限り、延々と銃後のそなえが記事になり誌面を埋め尽くしていったのだ。田園にも戦争の影が色濃く落ちていた。

季節のうつろいをしめす田園の美しさを描いた記事や写真はいちじるしく減り、これまでと変わらない頁といえば庭園の記事くらいであった。ただ戦争の悲惨さを誌面で強調する編集方針はとらなかった。ドイツ軍の残虐性を直接的に吹聴する代わりに、爆撃された街や砲弾をうけて壊れた教会堂、聖堂の写真だけを掲載した。そして不可避な現実と何とかバランスをとろうとして田園の写真も多く掲載していた。ただし、その田園のなかにこそ戦争の影が深くおちているのを悟られないように。田園を前面に押し出し、愛国心を鼓舞する編集方針はのちに大いに反省をせまられることになる。

田園のイメージを駆使し、イングランドを美化し、理想化した神話づくりに猛進する態度は、たとえば詩人E・V・ルーカスの「生垣がつらなり、尖塔がのぞく田園こそ心の故郷、ああ、イギリスよ」と胸のうちをつつみかくさず高らかにうたいあげた高揚感に強く反映していた。散文にも長じていたこの詩人は、都会を謳歌する典型的な作家だけに、田園にたいする憧憬が強かった。

田園の心象《イメージ》は、イギリスの愛すべき森、清流、村落そしてそこに住む女性を敵ドイツ軍から守らなければならないという、目に見えないが、もっとも求心力を発揮するプロパガンダとして機能した。ウェルギリウスの『牧歌』が過去の戦乱のさなかに何度も引き合いに出され、プロパガンダとして活用された歴史がここでもまた繰り返されたわけである。たとえ国民のわずか二〇パーセントしか田園で働いていないのが現実であったとしても、意識のなかに沈潜していた田園のイメージと呼応し、強い愛国心をふるいたたせたのであった。戦争が進行していくとこのイメージはさらに強化され、広大な荘園、中世の教会、緑なす丘陵などのすべて田園を喚起するイメージは、英国の象徴として結晶し、その永遠性をうたわれていった。戦争が激化すればするほど、閑寂な田園の風景はより強調され、愛国心と一体になっていった。戦火が激しくなった前線で不慮の死をとげた若き詩人ルパート・ブルック（一八八七－一九一五）の死はつよい衝撃をもってむかえられ、その詩に謳われた田園は愛国心とともに不滅の存在へと昇華されたのであった。

戦火のなかで謳われた田園

大戦に出征し、ガリポリ上陸まえに船上で蚊に唇を一刺しされ、敗血症のため亡くなったルパート・ブルックは、戦場から遠く離れたイギリスを想い散っていった戦争詩人のひとりであった。その詩「兵士」(1914) は二〇世紀のソネットのなかでもっとも愛唱されたもののひとつである。「僕が戦死したらひとつだけ想い出してほしい／戦場の隅にも永遠のイギリスが宿っていることを」と歌い、イギリス人の愛国心と田園を結びつけた。ブルックが住んでいたケンブリッジの近郊、グランチェスタは、古い村落で、鄙びたなかにイングランドの美しさが結晶し、農業文化がすがたをかえずに営まれている田園でもあった。まさにイギリスのアルカディアそのものであったのだ。ブルックは詩的心情《ノスタルジー》をこの村にそそぎこみ、イングランドの田園を永遠にとどめようとしたのである。「ベルリンのカフェ・デス・ヴェステンスにて　一九一二年五月」と併記された詩「グランチェスタの古き牧師館」は、アルカディアの美しさと哀調をそのままとらえている。「ちょうど今、ライラックが咲いているだろう」と語りかけ、「小さな部屋のまえ一面に、花壇にはカーネーション、ナデシコがほほえんでいるだろう」と何気なく小さな花を歌いはじめるのだが、しだいに「今、グランチェスタに、あのグランチェスタにいたら……」と何度もくりかえし、切々と望郷の念をつのらせていく。「現代人が草地のかげから／半獣神がのぞいているのを見て／古典文学いまだ滅びず」という一節は明らかにウェルギリウスの牧歌世界と通底している。美しい小さな村「グランチェスタ」の繰返し《リフレイン》は、戦場の兵士の唇の上でかなでられ、田園の美しさだけがその脳裏に刻まれ、かけめぐっていく――

　……ひもすがら
　横になりケンブリッジの空をながめ
　眠たげな草のなか、花に寝かしつけられ
　涼しく経過していく時の音がとどく
　世紀と世紀がとけ合っていく
　グランチェスタで、あのグランチェスタで

第一次世界大戦で戦死した多くの兵士の胸のなかでは、祖国だけがいつもこだましていたわけではない。若者特有の愛、死、苦痛など名状しがたい感情が渦巻いていたはずだ。そうした感情はすべて「イングランド」という一語に収斂されていった。美しいイングランドという言葉には田園と愛国心が共存していたからである。

雑誌『カントリー・ライフ』が愛国心を鼓舞するのに助力した事実をここで紹介しておこう。その誌面には「『カントリー・ライフ』最近号を前線に送ってあげてください」といった要請が毎号のようにくりかえされた。梱包せずに住所、氏名のみを書くだけで最寄りのポストへ投函しても無料で戦地に送り届けてくれたのだ。泥だらけの塹壕《ざんごう》のなかで奪い合うようにして読まれたという。将校クラスの軍人は愛読書に『カントリー・ライフ』誌をあげていた。「『カントリー・ライフ』が届くとうれしくてたまりません。だから遅配になるとがっくりきてしまいます。回し読みするためにすぐにくたびれてしまうのが頭痛の種です」と故国の父親に宛てて雑誌を愛読する声を伝えようとするひとりの兵士がいた。

第一次世界大戦は文明への晩鐘であったが、それは同時に上流階級の人々にとってはもう二度と「あの生活」にもどれない断絶を意味していた。一九一四年八月二二日、ロンドンのデヴォンシャー公爵邸には赤十字の本部が置かれ、臨戦態勢にそなえる貴族の士気の高さを見せ、大いに国民の尊敬をあつめたのであった。赤十字の腕章を巻きかいがいしく働くデヴォンシャー公爵夫人の白衣すがたには、万人の胸にせまるものがあったのである。誌面にはカントリー・ハウスを病院にかえる改造方法が詳述されたりした。ロンドン近郊の大邸宅を病院に改造するのは、カントリー・ハウスを軍に供出するのと同じように一時的処置だと考えられていたが、まぎれもない愛国心が国民のあいだに芽生えていき、つよく国を思う心情に支えられて参戦を願う志願兵が殺到したのであった。また貴族の熱い声も同等な力があった。「戦争勃発直後、ダービー伯爵は何万人もの兵を召喚した。全国に伯爵の影響力はおよんでいたが、とりわけ領地のあったリヴァプールではつよく、続々と兵士が志願してきた……」(一九一五年七月二四日号)と伝えている。

土地譲渡——田園の解体

第一次世界大戦中、土地の売却は一九一七年にピークをむかえ、終戦とともに間歇《かんけつ》的になってきた。それでも売却された、目立つ土地を見てみると、デスボロ男爵のパンシャジャ領地三〇〇〇エーカー、ロンドン郊外ベッドフォードシャーのオークリー領地二〇〇〇エーカー、スタッフォードシャーのオールトン領地七〇〇〇エーカー、サザランド伯爵の領地二三万八〇〇〇エーカーなどがきわだっている。地主のなかでももっとも痛手をこうむったのは下級地主層であるジェントリーだ。一九一八年から二二年のあいだに全土の四分の一が譲渡の対象になって、ちがう人間の手にわたっていった。これは明らかに社会革命であり、数百年もかかって築き上げてきた村落での人間関係を断ち切ってしまう所業であった。こうした大規模な土地譲渡が生じた主原因として納税と財政縮小をあげることができようが、生産性のない土地は不動産上では負担でしかなかった。社会背景の推移にも注目しておこう。土地所有は社会的特権《ステータス》ではなくなり、政治権力や金力の方がはるかに土地よりも強い「力」を発揮したわけだ。農業から離れる人々も増え土地売却にいっそう拍車がかかったが、購入した方もなれない仕事にすぐ土地を手放した。

　土地所有をめぐる激変は一般の人々が気づかないうちに進み、沈黙の革命ともいえた。そのためイギリスは歴史的には間断なく統一されていて、繁栄と豊饒を意味する「メリー・イングランド」という観念を固守しながら、今後も栄えていくと国民は考えたのである。「五〇〇年間にわたりメリー・イングランドはその栄華に輝き、戦後も人民は伝統とともにつよく生きていく」と信じているのであった。第一次世界大戦はメリー・イングランドにわずかに影をなげかけただけなのだというわけである。

　このメリー・イングランドの観念はアルカディアの概念とよく似ている。現実がつらい逆境ばかりを見せつけてくると、いつの時代も過去の幸福な時代をふりかえるものだ。現在が過酷であればあるだけ過去が輝きを増してくる。今の辛さを忘れてメリー・イングランドの昔をふりかえろう。中世以来、あまりにもメリー・イングランドを連発するものだから、「かつて人々は汝をメリー・イングランドと呼んだ」と詩人ワーズワスがもらしたのも無理はない。その語源をみても「愉快である」「幸福な」といった意味は「メリー」にはなかった。ところが一五世紀くらいから祝祭的ニュアンスが入りこみ、意味の増幅が起こり繁栄と豊饒に関連づけられ、心なごむ行為から、はては宴会気分まで感情が入りこむようになったのである。「メリー・クリスマス」の「メリー」などはその最たる例といえよう。

重要なのは、メリー・イングランドが中世の伝承からの影響をうけている点である。たとえば王と王女が緑のうえに腰をおろし、ロビン・フッドの時代に変装した弓の使い手が、従者からワインと鹿肉をめぐまれるということが行なわれた。こうした田園での行事や娯楽は、高慢なフランス王妃マリー・アントワネットにまで羊飼いの扮装をさせるほどの、牧歌的な力を宿していた。メリー・イングランドの一声は、かつてあった「あの」アルカディアの往時をしのばせる、ふるいたつような魅力を秘めていたのだ。こうして歌、物語、伝承によって、人々の記憶に焼きつけられた像ほど強い喚起力をもつものはない。イギリスの田園像はこのような過程をへてアルカディア神話を増幅しつつ、強化されていったのである。

一九八〇年代になると、田園の消滅の危機はいっそう深刻になった。いわゆる田園生活を支えていた特権階級であるエリート層がすがたを消そうとしていたからだ。雑誌『カントリー・ライフ』も新しい読者層からの支持がえられず、刷新を余儀なくされた。田園での生活、庭園の記事は大幅に減り、スポーツ、ファッション記事がとってかわろうとしていた。ファッション欄も四〇歳以下の層が対象となり、男性ファッションが特集されたとき、昔からの読者は驚きをかくせなかった。テレビ、ラジオ番組の紹介、映画批評にも大きく紙幅がついやされたのである。「田園で暮らすことが社会的ステータスだと思い込んでいる世界で唯一の国である」といささか揶揄した論調が誌面でみられたが、雑誌の内容以上に田園の現実は荒廃しすさみきっていた。森林面積の五分の四が消滅し、牧草地の五分の四が耕作地へと転換されていたのである。悪魔の爪のようにレジャー産業は田園を蝕んでいった。田園の自然が人間の精神に対して治癒力をもつといわれて久しいが、現実と理想がせめぎあう闘争は今後もつづいていくであろう。

新たな田園像へ向けて

さて一九八七年に刊行された『カントリー・ライフ』九〇周年記念号には、田園こそイギリス文化、文明の礎である、と宣言した記念すべき記事が掲載された。「都市よりも田園に焦点をあて、美術、音楽、演劇などの芸術分野から、広く建築までを網羅しているような雑誌が、このイギリス以外の西欧社会に、はたして存在しているだろうか？　イギリス文化の中心は田園にあるのだ。フランス、ドイツ、イタリア文化などとイギリス文化が大きく異なる一点は、文化の中心が都市ではなく、田園におかれていることなのである。そして、その文化とは精神的な、心の文化なのだ」。一九九〇年代末頃から『カントリー・ライフ』にはかつて編集方針であった〈イングリッシュネス〉をことさら喧伝、反復、伝播するような写真が影をひそめ、また国威発揚をあおる論調もすがたを消していった。

すでにイギリスは多文化主義の国家へと変貌をとげていたのである。複合的で相対的な価値観が国民のあいだに広がっていた。多文化主義の現実であるがゆえに〈イングリッシュネス〉とは何かという問いが発しつづけられるのであろう。その時、たえず意識のなかで醸成された田園に立ちかえるのではないだろうか。それがたとえ、かつてのアルカディアでなかったとしても。

学術文庫版あとがき――「旅文化が生み出したもの」

二〇〇六年六月、バーミンガム大学での研究発表を終えた私は、山あいを流れるワイ川を眺めながら古書の街ヘイ・オン・ワイへたどり着くと、ある古書店の店頭に雑誌『カントリー・ライフ』が堆《うずたか》く積み上げられているのを目にした。何冊かを求め、ウェールズの風につつまれているとき、瞬時、「グランド・ツアー」「ピクチャレスク」「アルカディア」という言葉が重なって啓示となった。それが本書の萌芽である。

二〇〇七年に単行本が出版され、以来、一〇年以上が経つが、幸い多くの読者をえて、私のもとへは様々な反応がもたらされた。本書を懐に歩いて英国縦断をしたと報告してくれた読者がいたり、大学の入試問題として出題されたり、テレビの旅番組の参考図書などになったりもしたのは、私の視野を大きく越え、驚きであった。このたび、講談社学術文庫に入った機会に、本書が生まれる契機となったいくつかの出来事と新たな発見、私の所感を短く記しておきたい。

旅文化を主軸とした本書は、先に述べたように、私自身の旅から生まれた。中でも一九九六年一〇月一〇日からテート・ギャラリーで催された『グランド・ツアー展』を鑑賞できたことは、実に僥倖であった。この展覧会は単独の主催ではなく、グランド・ツアーの出発地であるイギリス側のロンドン「テート・ギャラリー」と、目的地イタリア・ローマの美術館「エスポジツィオーニ宮殿」との共同開催というかたちをとっていたので、じつに充実した内容であった。グランド・ツアーの活動が九セクションに分かれて立体的に展示されていたため、見学者は旅を追体験でき、「我、アルカディアにありき」という感慨を味わうことができたのである。まずはこの展覧会について報告しよう。

『グランド・ツアー展』第一の部屋は、「旅立ちの準備」というセクションであった。展示されていたガスパール・デュゲの『ティヴォリの風景』(1670)では、ヒザーナ丘陵のかなたに広がるティヴォリに円形のウェスタ神殿が点描され、ローマを眺望する遠景は、まさにアルカディアの至福そのものであった。つまり、まだ見ぬ憧れの地が理想化されていたのだ。この作品を見た私自身も高揚感につつまれたのは言うまでもない。

グランド・ツアーといえば、芸術的受容の側面が拡大される場合が多いが、王侯貴族に加え、政治家も多く参加していた実情をこの展覧会で私は知った。イタリアは統一国家ではなかったため、王侯貴族や政治家たちは、通過する国々の国政や様々な国家体制をつぶさに視察することができたのだ。

交易の中心地だったヴェネツィアは長期にわたり衰退していく過程にあり、古都ローマはヴァチカンとともにキリスト教の中心地として栄え、ナポリはハプスブルク帝国などの植民地になった──一八世紀のイタリアは、こうした生々しい政治の現場であり、「生きた歴史」そのものであったのだ。同時に、ナポリ近郊のポンペイ、ヘルクラネウムの発掘でローマ文明を現出し、パエストゥム、シチリアのセジェスタでの考古学調査は古代ギリシアの都市遺跡を発掘するなど、古典的意匠に対する趣味を涵養していた頃で、つまり、埋もれていた過去がまさに現代に蘇ってきた瞬間すらも、当時のグランド・ツアーの参加者は体験できたわけである。

古の品々を陳列した最後の部屋には、古代遺跡を描いた銘板、素焼きの彫像、旅した諸都市でいろどった扇からカメオ細工まで展示されており、旅への願望が凝縮されていた。グランド・ツアー参加時に、「買えるものならばコロシアムでも購入したいものだ」と渇望したホレス・ウォルポールの言葉を思い出した。

そしてどういうわけかこの部屋には、若き日の画家J・M・W・ターナーが描いた『アヴエルヌス湖』(1798)が展示してあった。これはリチャード・コルト・ホーアの素描を参考にウェルギリウスの『アエネーイス』の世界を描いた作品で、まさにグランド・ツアー文化が産んだ絵画そのものである。それ程の絵画がなぜ土産物とともに展示されているのか、私には理由が分からず、他の展示場へ移すべきではないかと考えたくらいだ。しかし、絵の横に掲示された案内板によると、「エルギン卿のギリシア旅行への誘いを断り、ターナーが独力で描いた」とある。つまり、この作品は庇護者の援助をえず画家が独力で描いたものであり、芸術家の自立をめざしたロマン主義の黎明を示していた。しかも、制作されたのはナポレオンがイタリアへ侵攻し、グランド・ツアーが終焉を迎えた時期である——。やはりこの部屋にふさわしい陳列であったのだ。

本書第一章では、イギリスからイタリアへおもむいたグランド・ツーリストの群像を描いた画家ゾファニーとその大作『トリブーナ』について言及したが、彼がなぜこのような絵を描けたのか、ずっと心に引っかかっていた。それが二〇一二年六月、ロンドンのロイヤル・アカデミーでのゾファニー展により、その人となりを知ることができ、疑問が氷解した。

ドイツのフランクフルトで生まれたゾファニーは、イタリアで修業したバロック画家マーティン・スピアのもとで研鑽をつんだ。一七歳のとき、師と同じくローマで絵画を学ぶところとなったが、ゾファニーはローマへの旅をあえて徒歩で試みることにした。道中、さまざまな観察をしてスケッチに残すためである。

イタリア滞在中はローマに居を構え、頻繁にナポリ、ヴェネツィアへおもむくなかで、彼は国際人へと変貌していった。ローマでゾファニーは、アゴスティーノ・マスッチ（一六九一－一七五八）に師事する。マスッチは多くの弟子をかかえた有名な画家であり、イギリスからのグランド・ツーリストがこぞって肖像画を依頼したポンペオ・バトーニも彼の弟子であった。ヨーロッパ中から芸術家が集まる中心地ローマで様々な交流を重ねたゾファニーは、英語を話すことができなかったにもかかわらず、イギリスに到着したとき、すでに有名人となっていた。ゾファニーもまたグランド・ツーリストであったのだ。この経験こそが、『トリブーナ』を生み出したのである。

こうして、グランド・ツアーから出発した私の興味と好奇の旅は、まだまだつづいている。今、改めて旅は不思議なものだと思う。未知のものを求めて旅立つのに、いつも見出すのは自分自身だからである。

二〇二〇年四月

中島俊郎

引用・参考文献

本書の執筆にあたり、引用・参照など依拠した文献を以下にあげておこう。

第一章のグランド・ツアーに関しては、一九九六年一〇月にテート・ギャラリー（ロンドン）で開催されたグランド・ツアー展の目録 A. Wilton and I. Bignamini eds., *Grand Tour: The Lure of Italy in the Eighteenth Century* (Tate Gallery Publishing, 1996) をまずあげておきたい。六〇〇点以上の参考文献が列挙されている巻末の書誌は、グランド・ツアーが学際的研究の場であることを再認識させてくれるであろう。二〇〇〇年にフィラデルフィア美術館で開催された『一八世紀ローマの芸術』展の目録 E. P. Bowron and J. J. Rishel eds., *Art in Rome in the Eighteenth Century* (London: Merrell in Association with Philadelphia Museum of Art, 2000) も示唆を与えてくれる。

牧歌の伝統については、R. Cafritz, L. Gowing and D. Rosand eds., *Places of Delight: The Pastoral Landscape* (The Phillips Collection, 1988) に詳しい。

第二章のピクチャレスク・ツアーについては、Simon Schama, *Landscape and Memory* (Harper Collins, 1995) をまずあげなくてはならない。最近、すぐれた翻訳（サイモン・シャーマ〔高山宏・栂正行訳〕『風景と記憶』〔河出書房新社、二〇〇五〕）がでたが、第九章「再びのアルカディア」は必読である。ウィリアム・ギルピンについては、C. P. Barbier, *William Gilpin: His Drawings, Teaching, and Theory of the Picturesque* (Oxford Univ. Pr., 1963) を参照した。ピクチャレスク文献として C. Hussey, *The Picturesque: Studies in a Point of View* (G. P. Putnam's Sons, 1927) は、今なお水準的な研究書であるが、D. Watkin, *The English Vision: The Picturesque in Architecture, Landscape and Garden Design* (John Murray, 1982) は、前書の補

遺になっている。

第三章のペデストリアン・ツアー文献は、R. Jarvis, *Romantic Writing and Pedestrian Travel* (Macmillan, 1997) とともに、A. D. Wallace, *Walking, Literature, and English Culture: The Origins and Uses of Peripatetic in the Nineteenth Century* (Oxford Univ. Pr., 1993) をあげておきたい。両書とも互いに補完し合う内容で、ペデストリアン研究には必読の書である。

第四章のロンドン・ツアー文献として、一九九二年にロンドン・ミュージアムで開催された展覧会の目録C. Fox ed., *London-World City 1800-1840* (Yale Univ. Pr., 1992) をあげておこう。充実した書誌、豊富な図版とともに世界都市ロンドンの全貌を開示してくれる。また、S. O'Connell, *London 1753* (The British Museum Press, 2003) も有益な視点を与えてくれる。ロバート・サウジーの『イギリス通信』(全三巻) は、松村昌家編『一九世紀初頭ロンドン・イギリス漫遊探訪記』(全八巻、ユーリカプレス、二〇〇五) に収められている。なお、一九世紀初頭の出版文化史は、R. D. Altick, *The English Common Reader : A Social History of the Mass Reading Public, 1800 – 1900* (Ohio State Univ. Pr., 1998 [1957]) に依拠している。

終章の『カントリー・ライフ』出版文化史については、R. Strong, *Country Life 1897 – 1997: The English Arcadia* (Country Life Books, 1996) に依拠したことを特記しておきたい。

なお、一八世紀旅文化について、E. A. Bohls and I. Duncan eds., *Travel Writing 1700 – 1830: An Anthology* (Oxford World's Classics, 2005) が全体像を提供してくれる。そしてK. Thomas, *Man and the Natural World: Changing Attitudes in England 1500 – 1800* (Allen Lane, 1983) (キース・トマス〔山内昶監訳、中島俊郎・山内彰訳〕『人間と自然界——近代イギリスにおける自然観の変遷』〔法政大学出版局、一九八九〕) は、感性史の側面から旅文化を照射してくれる。田園の文化史については、O. Rackham, *The Illustrated History of the Countryside* (Weidenfeld &

Nicolson, 2003）が示唆的である。

本書の概要は、甲南大学公開講座『旅のクロス・ロード』の「一八世紀イギリスの旅文化の諸相」（二〇〇六年五月一三日）において発表された。貴重なコメントを下さった聴衆の方々に謝意を表したい。第三章は、「ペデストリアニズムの諸相」として『甲南大学紀要　文学編140』に発表され、また第四章は、『一九世紀初頭ロンドン・イギリス漫遊探訪記』の別冊として筆者が書いた「日本語解説」が初出であるが、いずれも大幅に加筆訂正をしたことをお断りしておきたい。

なお引用した訳文のなかで既訳のあるものは利用させていただいたが、文脈の都合上、改訳したものも少なくないことをお断りし、先賢に謝意を表しておきたい。

最後に通貨の換算について一言。Purchasing Power of British Pounds from 1270 to Present のサイト（https://www.measuringworth.com/calculators/ppoweruk/）は、年号と金額を入れると、現在の通貨高を教えてくれる。本書の中で言及されている金額が、今日のどれくらいに相当するか即座にわかる。

Gallery).
図 33　R. Southey, J. Steel ed., *Mr. Rowlandson's England* (Antique Collectors' Club, 1985), p. 21.
図 34　R. Strong, *Country Life 1897–1997: The English Arcadia* (Country Life Books, 1996), p. 215.
図 35　*Ibid.*, p. 88.
図 36　D. Watkin, *The English Vision: The Picturesque in Architecture, Landscape and Garden Design* (John Murray, 1982), frontispiece.

Beauty, Made in the Year 1776, on Several Parts of Great Britain; Particularly the High-Lands of Scotland (Blamire, 1789), II, p. 181.

図 16　C. Fox ed., *London – World City 1800 – 1840* (Yale Univ. Pr., 1992), p. 342.

図 17　W. Combe, *The First Tour of Doctor Syntax in Search of the Picturesque; A Poem with Illustrations by T. Rowlandson* (Ackermann,1812), p. 108.

図 18　*Ibid.*, p. 12.

図 19　*Ibid.*, p. 70

図 20　*Ibid.*, title-page.

図 21　T. D. Fosbroke, *The Wye Tour, or Gilpin on the Wye, with Picturesque Additions* (W. Farror, 1818), title-page.

図 22　Sylvanus [W. M. Thackeray], *Pedestrian and Other Reminiscences at Home and Abroad: with Sketches of Country Life* (Longman, 1846), frontispiece.

図 23　C. Turner, *William Kitchener* (1827, National Portrait Gallery).

図 24　H. Mitchelsòn, "Portrait of James Plumptre" in I. Ousby ed., *James Plumptre's Britain: The Journals of a Tourist in the 1790s* (Hutchinson, 1992), back-cover.

図 25　*Ibid.*, p. 51.

図 26　Unknown Artist, *Silhouette* (cir. 1810 – 1823, National Portrait Gallery, London.

図 27　*The Life of John Metcalf, Blind Jack of Knaresborough* (Peck, 1795), frontispiece.

図 28　*The Discovery of the Lake District* (Victoria & Albert Museum, 1984), p. 115.

図 29　R. L. Stevenson, *Travels with a Donkey in the Cevennes* (Kegan Paul, 1879), frontispiece.

図 30　J. Bunyan, *The Pilgrim's Progress* (Oxford World's Classics, 2003), frontispiece.

図 31　B. Blackmantle, *The English Spy* (Sherwood, 1825 – 26), I, frontispiece.

図 32　P. Vandyke, *Robert Southey* (1795, National Portrait

図版出典

図1　M. Dorothy George, *Hogarth to Cruikshank: Social Change in Graphic Satire* (Allen Lane, 1967), p. 145.
図 2　A. Wilton and I. Bignamini eds., *Grand Tour: The Lure of Italy in the Eighteenth Century* (Tate Gallery Publishing, 1996), p. 217.
図3　T. Coryate, *Travailer for the English Wits: Greeting from the Court of the Great Mogul* (W. Haggard and H. Fetherston, 1616), title-page.
図4　P. Brydone, *A Tour through Sicily and Malta* (J. G. A. Stoupe, 1780), title-page.
図5　A. Wilton and I. Bignamini eds., *op. cit.*, p. 136.
図6　*Ibid.*, p. 135.
図7　C. Chard and H. Langdon eds., *Transports: Travel, Pleasure, and Imaginative Geography, 1600－1830* (Yale Univ. Pr., 1996), p. 128.
図8　R. Godfrey, *James Gillray: The Art of Caricature* (Tate Gallery Publishing, 2001), p. 194.
図9　*Ibid.*, p. 192.
図10　William Blake, "Pastorals of Virgil" [1821] in R. Cafritz, L. Gowing and D. Rosand eds., *Places of Delight: The Pastoral Landscape* (The Phillips Collection, 1988), p. 190.
図11　M. R. Brownell, *Alexander Pope and the Arts of Georgian England* (Oxford Univ. Pr., 1978), p. 153.
図12　T. Bewick, "The Departure" [1804] in *Poems by Goldsmith and Parnell* (W. Bulmer, 1805), p. 39.
図13　P. Bicknell, *The Discovery of the Lake District 1750－1810: A Context for Wordsworth* (The Trustees of Dove Cottage, 1982), p. 12.
図14　P. Benson ed., *My Dearest Betsy: A Self-Portrait of William Gilpin 1757－1848 Schoolmaster and Parson from his Letters and Notebooks* (D. Dobson, 1981), p. 60.
図15　W. Gilpin, *Observations, Relative Chiefly to Picturesque*

解説

イタリアが造った英国の風景

桑木野幸司

書を繙《ひもと》くことが学究にとって有益であるならば、
旅行にはその十倍に比する価値がある。

ウリッセ・アルドロヴァンディ

永遠の都をめざして

ローマ――世界の首都（カプト・ムンディ）にして、永遠なる至福の聖都。古代末期よりこの方、あるときは世界帝国の栄華の痕跡をもとめて、またあるときは教皇の祝福を受けに、あるいはその高雅なる文芸の香りを堪能し、美術や建築の古典美を学び、宮廷作法の粋と先端自然研究の精髄を吸収すべく、富める者も貧しい者も、かつて西欧文明圏に暮らす人々はこぞってこの久遠《くおん》の史都を目指した。時々の情勢により、人の流れに増減はもちろんあったが、ヨーロッパの文化的首都たる地位は長らく揺らぐことがなかった。

地図を広げてみればすぐに気が付くように、ローマ以南の大都市といったらナポリぐらいしかない。いきおい、この都を目指す異邦の旅人は北方から、しかもその大部分が峻険《しゅんけん》なるアルプスを越えてやって来るか、海路地中海を経由して北西部のジェノヴァ港に降り立った。ゲーテの『イタリア紀行』にも克明に綴られているように、長靴型のイタリア半島に一歩足を踏み入れたものは、なにはともあれローマ、まずこの古都を見ないことにははじまらないとばかりに、一路南へといそいだのだ。

そんな旅人たちがはじめて、お目当ての都のうっとりするような遠望を目にしたのが、ヴァティカン北方の近郊にそびえるマーリオ丘陵の頂きであった。標高わずか一三九メートルながらも、周囲には視界を遮るものがないため、南に展開する都市景観――直近のヴァティカンの大ドームをはじめ、河向こうのパンテオンの丸屋根、林立する教会の塔、コロッセオの朽ちかけた軀体に至るまで――はもちろんのこと、いま自分たちがたどってきた街道がはるかに伸びる、北方の青く霞む平野や、そのさらに彼方の脊梁山脈《アペニン》の淡い紫紺のたたずまいまでもが、一望のもとに視野におさまる。幽翠《ゆうすい》で風致も申し分ないこの甘美な丘は古来、貴紳たちの別荘地に選ばれ、その稜線を走る径路は、古代の凱旋行進のための正式なルートともなっていた。秋から春先にかけ、曇天、降雪の悪天候が続く北方の地からやってきた人士たちは、ここから眺める南国の陽光に輝く古都のたたずまい、その絵画のような光景に、忘我の境地に誘われたことだろう。

グランド・ツアーからピクチャレスク・ツアーへ

グランド・ツアーという文化現象については、近年良書が相次いで出版され、その全貌が明らかになりつつある。狭義には一七世紀から一八世紀にかけて、イングランドの貴紳の子弟がその青年期の学業の総仕上げとして、教養の研鑽の目的で行った長期間の大陸旅行を指す。主な滞在地はフランスやイタリアで、なかでも遺跡に溢れ、古典文芸の舞台となったローマや、ルネサンス芸術が花開いたフィレンツェ、ヴェネツィア、ナポリなどが人気を博した。当時のイタリアは中世来の小国分裂状態をいまだ引きずり、経済や軍事の面ではもはやアルプス以北の国々には太刀打ちできない状況にあった。けれどもソフトパワーとでもいうべき文化・芸術の領野では、他を寄せ付けぬ魅力を依然としてたたえていたのだ。

本書『英国流　旅の作法』は、そんなグランド・ツアーにおけるイタリア体験がイギリスの貴紳たちの美的感性、ひいては自然観に大きな影響を与え、それがイギリス的風景の理想を形作る契機となったさまを、豊富な事例とエピソードを交えながら、流れるような美麗な文章で綴った文化史である。正確に言うと、グランド・ツアーの直接の影響を論じるのは第一章のみで、第二章以降は、その外向きのベクトルが内側に反転し、イギリス国内での風景賞玩の美学が丹精されてゆくさまを、「田園」をキーワードに、ツーリズムの発展史として描き出してゆく。そして最終的には、遠方の自然景観の賛美から、産業革命に沸く世界都市ロンドンのシティ・スケープの観賞へと人々の関心が移り、未曾有の文化聚楽の出現のなかに「イングリッシュネス」を求めてゆく動向が分析されたのち、都市文化の人工の極みのなかにタウン・ガーデンや私庭を求め、田園へと回帰してゆく人々のメンタリティが浮き彫りにされている。

突兀《とつこつ》巍々《ぎぎ》たるサブライムな自然美を探勝して湖水地方を跋渉《ばつしよう》し、お目当ての場所を見つけるや、くるりとその風景に背を向けてしまい、ポケットから取り出したクロード・グラスに映る人工景観に耽溺する、摩訶不思議な「ピクチャレスク・ツアー」。徒歩旅行の出現とロマン主義運動のぬきさしならぬ関係。イギリス人作家があえて筆名を偽り、ロンドンを訪れた異邦人になりすまして所感を綴るという、外国人旅行記なる珍妙なジャンルが爆発的に流行した奇異なる世相。イギリス人の強固な「田園憧憬」が、様々な「旅の作法」の形で表出したともいえるこれら無類におもしろいトピックの詳細については、本文をお読みいただきたい。以下には、こうした旅の文化史の端緒ともいうべきグランド・ツアーについて、その前段階にあたる事情を少しばかり掘り下げることで、本書の第一章に接続してみよう。

グランド・ツアー前史

一七世紀以前にも、イタリアを訪れるヨーロッパ人は少なからずおり、いわばプレ・グランド・ツアーともいえる人の流れを形成していた。グレート・ブリテン島からの旅人も当然その中に含まれており、その主な動機はもっぱら宗教がらみ。ローマの諸聖堂での礼拝や聖遺物巡り、あるいは聖地からの帰路に立ち寄るといった事情が大半を占めていた。こうした人々を対象とした都市ローマ観光案内的なガイドブックが、はやくも一二世紀ごろから出現している。この種の書物を手にした純朴な人々は、どこそこの教会には聖何某のありがたい骨がある、どこそこの丘では天使が出現した痕跡がみられる、といった情報を頼りに、聖都をくまなく巡回した。ありがたいもの、驚異的なものに、嬉々として群がったのだ。

やがてルネサンス文化がイタリアで先陣を切って開花し、古代文芸の復興および視覚芸術の飛躍的洗練が始まる一五世紀を迎えると、従来のガイドブックにも変化が現れる。聖遺物や迷信めいた事跡の記述にまじって、古代建築・遺跡、芸術品、宮廷文化、古典籍で扱われる事跡などの情報が、豊富に織り込まれるようになるのだ。ローマ/イタリアを訪れる人々も、巡礼ばかりでなく、純粋に文化的憧れや勉学を目的とする者が増大していった。特に一七世紀になると、英語で書かれたガイドブックの類が大流行し、これがそのままグランド・ツアーの隆昌へと接続してゆくことになる。

英国人がみたイタリア

イギリス独自の自然観といえば「崇高美」であろう。風景の見方、造園のスタイルに大きく影響を与えた美学だ。その独創的な観念の発祥を説明するのに、グランド・ツアーの途上で通過した、巍々たるアルプスの山嶽山稜《さんがくさんりょう》の偉容が、旅人の精神に深く刻印されたのが原因のひとつではないか、といわれることがある。あるいは風景式庭園の着想源として、クロード・ロランやニコラ・プッサンといった在イタリアの風景画家たちの影響、つまり彼らが描く、古代遺跡の散在する詩趣に富んだランドスケープ表象が想定されることがある。これらは確かに英国人の風景美学や造園観に深甚なる影響を与えたのに違いないが、もうひとつ、あたりまえの事実を改めて確認しておきたい。すなわちイタリア半島内で人々が実際に目にした、豊かな自然と人工の景物が綯《な》い交ぜになった勝望美景の影響だ。極端な話、イギリスの風景は、イタリアが造ったのかもしれないのだ。

ローマを例にとるなら、冒頭で紹介したマーリオ丘陵からの風光絶佳の眺めを皮切りに、フォロ・ロマーノをはじめとする市内の遺跡群の朽ち果てた落莫の景、そして都心部や郊外を飾る無数の大庭園が作り出す、建築と苑と風景の融合――。なかでも英国人に最大の衝撃を与えたと思われるのが、最後に挙げた、イタリア式庭園の美学であった。

長靴型の半島に足を踏み入れた北方人が、まずもって驚嘆したのが、どこの町でもたわわに実る豊大甘美なゴールドの球果、すなわちオレンジの樹であったという。寒冷な島国では考えられないことだ。この黄金の実を、ギリシア神話の楽園島ヘスペリデスの苑に生える神木の実、あのヘラクレスがもぎ取ったという喜ばしき果実になぞらえ、イタリアの豊饒を称えるのが一種のトポスとなった。またヴェネトやトスカーナの平地を優しく豊かに覆う、条里の整った耕作地の連なりが、広大な庭園と映ることもあったらしい。一方、ルネサンスからバロックにかけてのイタリアは未聞の造園ブームに沸き、粋を凝らした美麗な庭園があちこちに作られていた。立ち寄る町々で、数寄を凝らした精妙な名園奇苑を訪ね歩いてゆくうちに、半島全体が大きな庭と錯覚されたのも無理はない。

古代遺跡と庭

これは何もグレート・ブリテン島からの来訪者に限った話ではないが、ルネサンス期以降にローマを訪れる旅人の多くが、古典籍中に描かれる古代の地景、文学や歴史的イヴェントの舞台となった地誌や風情を、あらかじめ克明に頭に刻み付けていたと思《おぼ》しい。古代史を彩る英雄たちが実際に闊歩し、あるいは風雅なラテン語の詩句に織紡《おりつむ》がれた、あこがれのイタリアの地――極論するならば、彼らは事前にくみ上げたその認識フレームを通じて、自分たちが見たいもの、すでに知っているものを、半島への旅によって再確認していたともいえるのだ。たとえばローマに足を踏み入れた際のゲーテの感激ぶりがその典型で、目の前に広がる光景のどれもが自分がすでに知っているものであると納得しつつも、そこに生まれる新たな感激を喜んでいる。そうした「確認としての旅行」を、もっとも濃密に体験させてくれる場所が、実は庭園であった。

イタリア式庭園といわれる造園スタイルは、建物から周辺風景に向かって延びる軸線、幾何学花壇、傾斜地にテラスを重ねる構成、多彩な噴水仕掛といった要素からなり、特に一六世紀以降にローマを中心に洗練されたスタイルが、その後のヨーロッパの造園界を風靡することになる。最新トレンドのイタリア式の庭を自邸に構えることが、いつしかヨーロッパの貴紳たちのステータスとなった。ただし都市ローマの庭には、他にまねのできない、独自の要素があった。それが古代遺物である。

かつての世界帝国の首府というだけあって、市内にはいたるところに建築遺跡が無造作にころがっていたし、地面を掘り返せば、端麗・雄渾《ゆうこん》な彫刻の断片がごろごろでてきた。有名なラオコーンの群像も、一六世紀に都心部のブドウ園から発掘されたものだ。古典古代の復興を標榜するルネサンス期には、こうした断片的な遺物を熱狂的に崇拝する機運が醸成されていった。古代の栄華を伝えるものとして、ローマ法典、古典文学に加え、遺跡に大きな注目が集まるようになったのだ。たちまち収集がブームとなり、大規模な古物市場が形成された。

集めた品々は当初、玄関口や中庭に収蔵されていたものの、コレクションが大規模化するにつれ、ごく自然に屋外にあふれ出していった。こうして一六世紀初頭から、ローマの庭はいたるところ古代の人物像や建築断片が飾られ、さながら建築・彫刻ミュージアムのような外観を呈することになった。高位聖職者や貴族たちがこぞってこの種の庭園を市内や郊外に作っていったため、一七世紀を迎えるころには、花の都ならぬ「庭の都」とでもいうべき、緑の絨毯に覆われた幻想的な都市景観が生み出されたという。

興味深いことに、この時代の聖都の大庭園は、原則として一般公開されていた。「庭の掟」(Lex hortorum)なる碑文が入り口に掲げられ、礼儀正しく振舞うならば見学を許可する旨が記されていた。これは古代ローマの同様の慣習を意図的に復活させたものと言われているが、庭の持ち主にしてみれば、自慢のコレクションをより多くの人たちに見てもらいたい、というのが本音であったのだろう。描画力のある芸術家や、はるばる北方からやってきた異邦の貴紳たちなら、なおのこと大歓迎だ。

廃墟美学の芽生え

こうしてモンテーニュの『旅日記』に典型的にみられるように、この時代には、旅行日誌やスケッチなどに庭園の描写が頻出するようになる。英国人たちが残した記録には、園内の博物学的珍品奇物——珍花奇葉、珍獣奇鳥、金石珠玉など——に驚くさまが綴られ、あるいは精妙な噴水仕掛や、水力駆動の自動機械人形に対する讃嘆の念が縷々《るる》記されている。オレンジの繁茂に対する驚嘆もこの文脈だ。かような博物学的関心や科学技術と造園との結びつきは、英国にもそのまま移入され、トラデスキャントらのいわゆる「ヴァーチュオーゾの庭」を生み出し、やがてロイヤル・ソサエティ設立の流れへと合流してゆく。

とはいえ、古典古代世界に心酔してやまない一六―一七世紀の北方の貴紳たちの心を何よりも鷲摑みにしたのが、園内を豊かに、そして多彩に飾る古代遺物や彫像群であった。古代ローマ時代のめぼしい遺跡が国内にほとんどない英国の人々にしてみれば、都市ローマの庭は、古の時代をヴァーチャルに体験できる特権的空間であったに違いない。たとえ柱が折れていようが、彫像の腕が欠けていようが、豊富な古典知識でたちまち脳内補完してしまうのだ。もちろん、朽ち果てた廃墟、破損のはなはだしい彫刻をそのままに、悠久の時の流れをとどめた歴史的遺物としてとらえ、感傷に浸る視点もはぐくまれたことだろう。いや、こちらのほうが、後世への影響という点ではるかに重要だ。

たとえば、フォロ・ロマーノを見下ろすパラティーノの丘は、かつて歴代皇帝の大宮殿があった場所であり、丘ごと遺跡に覆われているともいえる。そしてその丘の一等地を、散在する遺跡もふくめて、まるごと庭園にしてしまった例があった。有名なオルティ・ファルネジアーニ（ファルネーゼ家の庭園）で、当然ここも異邦人たちの必須の訪問先に数えられていた。この庭園の当時の図面を見ると、丘の内部に行くにしたがって整形式庭園の厳格な幾何フレームが徐々に崩れてゆき、いつしか遺跡との境目がわからなくなってしまう。

これほどの規模のものは少なかったとはいえ、似たようなコンセプトの作庭例はそれこそ市内に無数にあった。古代遺跡や廃墟が、庭園という人工的景観を飾るエレメントになる――この視点こそが、英国人のその後の修景ないしは造園思考に大きな影響を与えたのではなかろうか。そもそも遺跡や廃墟の審美的評価という考え方自体が、当のイタリア人たちにとっても新鮮なものであった。一五世紀末に出版された幻想文学『ポリフィロの夢』[ii]が、こうした廃墟崇拝ないしは遺跡と庭の融合を先駆的に謳いあげてから、まださほど時がたっていなかった。その最先端の美学に、きっと英国人たちはたちまち魅了されてしまったのだ。

けれどもこのスタイルをそのまま本国で実践することはできない。繰り返すが、国内には言うに値するほどの古代遺跡もないし、古代彫刻にしても莫大な資金を投じて購入し、輸送してこなくてはならなかったからだ。そこでまず、整形式庭園のフォルムを形式的に模倣し、グロッタ（人工洞窟）や噴水などもがんばって作るわけだが（いわゆる「イングランドのルネサンス庭園」[iii]）、やはり本場の古典風の空気を再現するには至らない。そうこうするうちに、英国ではフランスに対抗する意味あいからも、徐々に幾何学の縛りを捨て、自然の有機曲線を生かした造園様式が生まれてくる。けれどもその段階にいたっても、かつてイタリアで見た古代建築と一体化したランドスケープの美しさは、忘れがたいものがあった。

そこで、まずは古代ローマ風の神殿や邸館を新築で作り、それを野趣豊かな庭園の中の「絵になる」スポットとして、全体の風致を整えてゆく。その際、お手軽に古典風建築を作れる、イタリア人建築家パッラーディオの建築スタイルが好まれた。英国のパラディアニズム建築はこうして全土に根付いていった。やがては、庭の中に最初から廃墟を「新築で」作ってゆくという倒錯した美学が、ピクチャレスク庭園の一局面として隆昌するのはご存じの通り。英国の庭園史をかなりの駆け足で概観してしまったが、この国で展開した廃墟／古典建築と庭の高度な親和性は、その起源をたどってゆくと、おそらくはプレ・グランド・ツアー期のイタリア庭園体験にまでさかのぼることができるのだ。

第三の自然としての崇高美学

最後にもう一点、イタリアの造園文化が、英国人の自然観に与えた間接的影響を指摘しておこう。典型的なイタリア式庭園の図面を見ると、その極度の人工幾何学性に圧倒される人も多いだろう。同じく幾何学を要諦《ようてい》原理とするフランスのヴェルサイユ庭園にも通じる感覚だ。けれどもイタリアとフランスの庭を決定的に分けるのは、自然との向き合い方だ。大雑把にいうと、前者は自然と人工の協働を目指すのに対し、後者は人工の力によって自然を完全に支配下におくことを主眼とする。

一六世紀のイタリアでは、一部の文人サークルにおいて、「第三の自然」なる観念がもてはやされた。これは、古代ローマのキケローが、生の自然を「第一の」、それを技術によって加工したものを「第二の」自然、と分類したのをさらに発展させた考え方だ。いわく、自然と人工がお互いに創造的に補完しあって、そのどちらでもない、第三の自然とでもいうより他ない独自の境地にいたったものだという。要するに、天産のものか人為のものかの区別が容易にはつかず、人の手で作ったのは間違いないが、まるで自然に生まれたかのようにみえる産品、ということになる。

こうした風雅な美学の理想的な応用の場が、造園であった。つまりイタリアの庭は、自然を完全に支配するのではなく、人工技術が自然のポテンシャルを十全に開花させるような仕方で導入された結果として、生み出されたものなのだ。そこには、天賦自然の状態では生じえなかった豊かで繊細な空間が生み出される。その典型が、模造鍾乳石で覆われた「人工洞窟（グロッタ）」であり、まるで天産の岩塊から湧水が染み出すかのごとき造形の「噴水」であり、生命を宿しているかのようにグロッタ内で自在に動き回る「自動機械装置」であった。英国人たちがこの第三の自然というコンセプトを知っていたかどうかは不明だが、これらの美学が反映していた作庭例を見て回り、自然と人工の関係について、深く思索をめぐらす契機を得たことは間違いない。

ここで場面を英国に転じてみよう。急峻な尾根が襞《ひだ》なす鋭峰の連なり、雄大な深潭を湛えた湖、荒れ狂う嵐などは、この考え方でいうならば、第一の自然であろう。このままでは受容は難しい。かといって、それらの驚異を完全に人工技術によって脱色し、馴致してしまうなら、それは無害な第二の自然としてパッケージされるだけで、ファースト・ネイチャーが持っていた根源的パワーは失われてしまう。けれどもこの生の自然の美と力を、崇高（サブライム）の美へと昇華することで、矮小化することなくその経験を伝え、アクセスが可能となる。なるほど、こうした認識フレーム自体は、人為的産物すなわち第二の自然の一部といいうるかもしれない。けれども、その崇高美のコンセプトに基づいて作られた英国の庭園の一部には、イタリアの整形式とはまた違った様態での、第三の自然的な側面が実現していたのではないだろうか。[iv]

美しき風景とであったときの感動を、その新鮮な体験の記憶を、できるだけ忠実に再現し、保持したい。イタリア式庭園も英国風景式庭園も、その根幹をなすコンセプトは深いところで通じ合っているのではないだろうか。

（大阪大学教授）

i　この種のガイドブックの典型としては：ヴォーン・ハート、ピーター・ヒックス編、桑木野幸司訳『パラーディオのローマ：古代遺跡・教会案内』、白水社、二〇一一年。

ii　フランチェスコ・コロンナ著、大橋喜之訳『ヒュプネロートマキア・ポリフィリ』、八坂書房、二〇一八年。

iii　ロイ・ストロング著、圓月勝博・桑木野幸司訳『イングランドのルネサンス庭園』、ありな書房、二〇〇三年。

iv　この界隈の議論は、ジョン・ディクスン・ハントの著作が深く掘り下げている。次を参照：John Dixon Hunt, *Garden and Grove: The Italian Renaissance Garden in the English Imagination, 1600–1750*, Philadelphia, University of Pennsylvania Press, 1996; Id., *Greater Perfections: The Practice of Garden Theory*, Philadelphia, University of Pennsylvania Press, 2000.

本書は、二〇〇七年にＮＴＴ出版から刊行された『イギリス的風景　教養の旅から感性の旅へ』を改題、加筆修正したものです。

中島俊郎（なかじま　としろう）

1949年生まれ。英文学者，甲南大学名誉教授。甲南大学大学院人文科学研究科英文学専攻博士課程単位取得。1997－98年オックスフォード大学コーパス・クリスティ・カレッジ研究員。甲南大学文学部助教授を経て，93年同教授。著書に『オックスフォード古書修行 書物が語るイギリス文化史』，訳書にキース・トマス『歴史と文学　近代イギリス史論集』など。

講談社学術文庫

定価はカバーに表示してあります。

英国流《えいこくりゅう》 旅《たび》の作法《さほう》
グランド・ツアーから庭園文化《ていえんぶんか》まで

中島俊郎《なかじまとしろう》

2020年7月8日　第1刷発行

発行者　渡瀬昌彦
発行所　株式会社講談社
東京都文京区音羽2-12-21 〒112-8001
電話　編集（03）5395-3512
販売（03）5395-4415
業務（03）5395-3615
装　幀　蟹江征治
印　刷　廣済堂株式会社
製　本　株式会社国宝社
本文データ制作　講談社デジタル製作

ISBN978-4-06-520051-3

「講談社学術文庫」の刊行に当たって

これは、学術をポケットに入れることをモットーとして生まれた文庫である。学術は少年の心を養い、成年の心を満たす。その学術がポケットにはいる形で、万人のものになることは、生涯教育をうたう現代の理想である。

こうした考え方は、学術を巨大な城のように見る世間の常識に反するかもしれない。また、一部の人たちからは、学術の権威をおとすものと非難されるかもしれない。しかし、それはいずれも学術の新しい在り方を解しないものといわざるをえない。

学術は、まず魔術への挑戦から始まった。やがて、いわゆる常識をつぎつぎに改めていった。学術の権威は、幾百年、幾千年にわたる、苦しい戦いの成果である。こうしてきずきあげられた城が、一見して近づきがたいものにうつるのは、そのためである。しかし、学術の権威を、その形の上だけで判断してはならない。その生成のあとをかえりみれば、その根は常に人々の生活の中にあった。学術が大きな力たりうるのはそのためであって、生活をはなれた学術は、どこにもない。

開かれた社会といわれる現代にとって、これはまったく自明である。生活と学術との間に、もし距離があるとすれば、何をおいてもこれを埋めねばならない。もしこの距離が形の上の迷信からきているとすれば、その迷信をうち破らねばならぬ。

学術文庫は、内外の迷信を打破し、学術のために新しい天地をひらく意図をもって生まれた。文庫という小さい形と、学術という壮大な城とが、完全に両立するためには、なおいくらかの時を必要とするであろう。しかし、学術をポケットにした社会が、人間の生活にとってより豊かな社会であることは、たしかである。そうした社会の実現のために、文庫の世界に新しいジャンルを加えることができれば幸いである。

野間省一

一九七六年六月